U0813475

新知图书馆

第二辑

25个食物科学实验

FOOD

【美】史蒂芬·M. 托马舍克/著　郦英华　刘　辉/译

上海科学技术文献出版社
Shanghai Scientific and Technological Literature Press

图书在版编目（CIP）数据

25个食物科学实验 /（美）史蒂芬·M. 托马舍克著；郦英华，刘辉译．—上海：上海科学技术文献出版社，2019
ISBN 978-7-5439-7875-1

Ⅰ. ①2… Ⅱ. ①史…②郦…③刘… Ⅲ. ①科学实验—初中—教学参考资料 Ⅳ. ① G634.73

中国版本图书馆 CIP 数据核字 (2019) 第 074845 号

Experimenting with Everyday Science: Food

Copyright © 2010 by Infobase Publishing

Copyright in the Chinese language translation (Simplified character rights only) © 2019 Shanghai Scientific & Technological Literature Press

All Rights Reserved
版权所有，翻印必究

图字：09-2019-281

策划编辑：张 树
责任编辑：于学松 苏密娅
封面设计：许 菲

25 个食物科学实验
25GE SHIWU KEXUE SHIYAN
[美]史蒂芬 · M. 托马舍克 著 郦英华 刘辉 译
出版发行：上海科学技术文献出版社
地 址：上海市长乐路 746 号
邮政编码：200040
经 销：全国新华书店
印 刷：常熟市人民印刷有限公司
开 本：720×1000 1/16
印 张：8.75
字 数：147 000
版 次：2019 年 6 月第 1 版 2019 年 6 月第 1 次印刷
书 号：ISBN 978-7-5439-7875-1
定 价：28.00 元
http://www.sstlp.com

序 言

当你听到“科学”这个词时，最先想到的是什么？是否和大多数人一样，想到陈列着各种各样玻璃器皿和许多精密仪器的实验室？想到总是身着白大褂，整日埋头于各种实验，满脸严肃的科学研究人员？虽然在许多地方这种对科学家的传统看法仍然是正确的，但是实验室却不是唯一存在科学的地方。在某个建筑工地、篮球场甚至是一场你喜爱的乐队的演奏会上，都可以发现科学。实际上，科学无处不在。我们在厨房里做饭时要用到科学；画画时要用到科学；建筑师设计建筑物时要用到科学；甚至解释为什么你最喜欢的棒球选手可以打一个本垒打也要用到科学。

几个世纪以来，人类不断地对周围世界进行探索和研究，从中获得的知识不断积累成科学。科学知识的代代传承通过一系列的教育活动得以实现。所有科学教育活动的一项基本目的就是培养年轻人具有批判性思维和解决问题的能力，而这些能力是受益终身的。

科学知识教育具有学术独特性，不仅要展现事实规律、传授技能，更要培养学生的好奇心和创造性。因此，科学是主动的过程，不可能完全用被动的教学方法实现上述目标。教育工作者时常面临“科学教育的最佳途径是什么”这样的难题。尽管尚无确切答案，但是教育界的一些研究成果还是为我们带来了有益的启示。

研究表明，学生必须积极主动地参与科学实践，通过切身体验学习科学知识。我们要鼓励人们摆脱和超越书本，敢于质疑，提出新奇的设想，进行大胆的预测和假设，自己设计实验内容和步骤，并能收集相关信息，记录实验数据，分析所发现的结果，利用各种资源来拓展知识。换言之，在学习科学的过程中，不能只用耳朵“听”，还必须动手“做”。这也就是学科学的最佳方法——“做”科学。

所谓“做”科学就是进行科学实验。涉及科学的课程当中，实验部分发挥着多项教育功能。在很多情况下，需要实际操作的教学活动能有效地激发学生的兴趣，有助于新课题的导入。例如，我们介绍某一有争议的实验，会激发学生的探究欲望并解开现象背后的谜团。课堂上的调查研究活动也有助于学生温故知新。根据神经科学的理论，科学实验和其他学习实践活动有助于将新知识从短期记忆转化成长期记忆。以实践活动和实验为主的“做”科学不仅有助于学生掌握科学概念，而且有助于培养当今年轻人对科学的兴趣。

为此，我们策划了这套“新知图书馆”系列丛书，汇集了天文、地理、物理、化学、生物、海洋、机械、音乐、体育、艺术、建筑、环境等多个领域的科学内容，我们将通过实验验证这些学科内容在日常生活中的应用，通过简单的实验吸引学生兴趣，使之能够进行实践操作，实现我们所说的“做”科学。丛书每个分册围绕一到两个主题设计了 20～40 项实验，实验所用的材料大多都是生活中常见的物品。各类实验配有插图和图解，便于抓住学生注意力，直观地传递信息。所有实验都会综合调动学生进行科学探究的各方面技能，诸如观察、测量、归类、分析以及预测等。此外，某些实验要求学生通过自己设计并完成开放式实验项目，锻炼其探究科学的能力。

书中大多数的实验都是要求在教师和成年人的指导下，以小组的形式进行的，这其中的一个好处是学生们有机会通过社会交往途径进行学习，使得学生有了集思广益和相互学习的机会。神经科学的研究成果证明，小组学习是一种有效的学习手段，人脑是具有社会属性的器官，人际交流和相互协作能提高学习的效果。

“新知图书馆”系列丛书的目标是借助实验激发学生学习科学的兴趣，传授基本的科学概念，培养批判性思维能力。当学生完全沉浸在丰富的实验环境中，他们会经历许多惊喜并得到意外收获，体验到新旧知识融合以及豁然开朗的非凡乐趣。在这样的条件下，学习活动才真实生动而又效果持久。

我们希望当你们完成这些实验时，能对身边的世界有更好的了解。也许阅读这套书并不能使你们成为一流的运动员或数一数二的科学家，但是我们希望这些实验能够激发你们去发现日常生活中的科学，也能鼓励你们把我们的世界变得更加美好。

目录

实验前必读

在开始任何实验前仔细阅读

每项实验都包括与具体主题相关的特别安全提示。这些提示不包括那些在做其他任何科学实验时都必须注意的基本规则。因此,你必须仔细阅读下面的安全准则,并时刻牢记在心。

科学实验很容易有危险,规范的实验步骤应该包括细致的安全守则。在实验过程中随时会有意外发生,例如,材料可能会溢出、破碎,甚至着火。发生危险时你甚至来不及自我保护。在整个实验过程中,不论是否会对你造成危险,你都要严格遵守下面的安全提示,时刻警惕意外危险发生。

对每个独立的实验我们都设计了比较保守的安全预防措施。所以,我们希望你能认真对待本书中的所有安全提示。正是因为非常危险,因此你应该明确看到了这些提示。

因为时刻记住所有的规则并不容易,所以在开始每一项实验之前和准备每一项实验时都要重新阅读这些规则,这样你就会在实验的每一个危险关头注意保持安全。此外,在做那些会发生潜在危险的步骤时,你要运用自己的判断力,时刻保持警惕。虽然书中并没有提到"小心热的液体"或"不要用刀划破你的手指",但并不表示你在烧水或在塑料瓶上打洞时可以疏忽大意。书中的安全提示只是一些特别的提醒。

安全准则

粗心、仓促、缺乏知识或不必要的冒险都会引发事故，采取安全的步骤和在整个实验过程中都保持警惕可以避免上述危险。一定要阅读书中每项具体实验后附加的安全提示和遵从需要成人监督的要求。如果你是在实验室里做实验，记住不要一个人操作。如果不是在实验室里做实验，要至少 3 个同学一组，并严格遵守学校和各地的法律对监督人员数量的要求。请求具有急救知识的成人监护员看护，并准备好急救包。确保在实验过程中人人都知道急救员的位置。

准　备

- 在实验之前清理桌面，保持干净。
- 开始实验之前，阅读整个实验说明。
- 了解实验中的危险和可预料的危险。

自我保护

- 有步骤地遵守实验说明。
- 每次只做一个实验。
- 确定安全出口、灭火毯和灭火器的位置，关闭燃气和电源开关，准备好洗眼水和急救包。
- 确保充分通风。
- 不要喧闹嬉戏。
- 不要穿露脚趾的鞋。
- 保证地板和工作间干净、整洁、干燥。
- 立即清除溢出物。
- 如果玻璃器皿破裂，不要自己打扫，请求教师帮助。
- 把长头发束到脑后。
- 不要在实验室或工作间里吃东西、喝饮料或吸烟。
- 除非有知识丰富的成人明确告知，否则不要食用任何实验用的材料。

小心使用器材

- 不要把仪器竖立在桌子边缘。
- 小心使用刀子或其他尖锐的仪器。
- 拔电源插头，而不是拔电线。
- 使用前后都要清洗玻璃器皿。
- 检查玻璃器皿的擦痕、裂痕和尖锐边缘。
- 玻璃器皿破碎了要立即通知老师。
- 不要让反射光照射你的显微镜。
- 不要触摸金属导体。
- 小心用电。
- 使用酒精温度计，而不是水银温度计。

使用化学品

- 不要品尝或吸入化学品。
- 在盛有化学品的瓶子和仪器上贴好标签。
- 仔细阅读标签。
- 避免化学品接触皮肤和眼睛(戴安全镜或护目镜、实验用围裙和手套)。
- 不要触摸化学溶液。
- 使用溶液前后要洗手。
- 彻底清除溢出物。

加热物质

- 在加热材料时戴安全镜或护目镜、围裙和手套。
- 使你的脸远离试管或烧杯。
- 当在试管里加热物质时，避免把试管的顶端对着其他人。
- 使用耐热玻璃制成的试管、烧杯和其他玻璃器皿。
- 不要使仪器处于无人看管状态。

- 使用安全钳和耐热手套。
- 如果你的实验室没有耐热工作台，把本生灯放在耐热垫上之后再点燃。
- 点燃本生灯时要注意安全；点燃本生灯时保持通气孔关闭，使用本生灯专用打火机而不用火柴。
- 使用电炉、本生灯和燃用气体完毕后立即关闭。
- 使易燃物远离火焰或其他热源。
- 手边准备一个灭火器。

实验结束

- 彻底清理你的工作场所和任何使用过的玻璃器皿。
- 洗手。
- 小心不要把化学品或污染了的试剂放入错误的容器。
- 不要在水槽里处理材料，除非要求这样做。
- 清理所有的残留物，把它们放到正确的容器里进行处理。
- 按照各地法律规定处理化学品。

随时保持安全意识！

简 介

我们每天都离不开吃。但是什么样的早餐最有营养？怎样让孩子爱上蔬菜？怎样让平凡的一日三餐色香味美？其实这里面蕴含了无尽的科学知识。

本书让读者从全新的角度认识了食物、营养和烹饪，以及隐藏在这些背后的科学知识。本书非常有趣，讲述了 25 个好玩的小实验及各自神奇的化学反应。通过这种有趣的方式剖析食物的营养、味道、储存方法和烹饪中的科学。美食与科学如此完美地结合在一起，而我们竟然可以通过简单又直观的实验将其中的科学奥秘一一揭开。

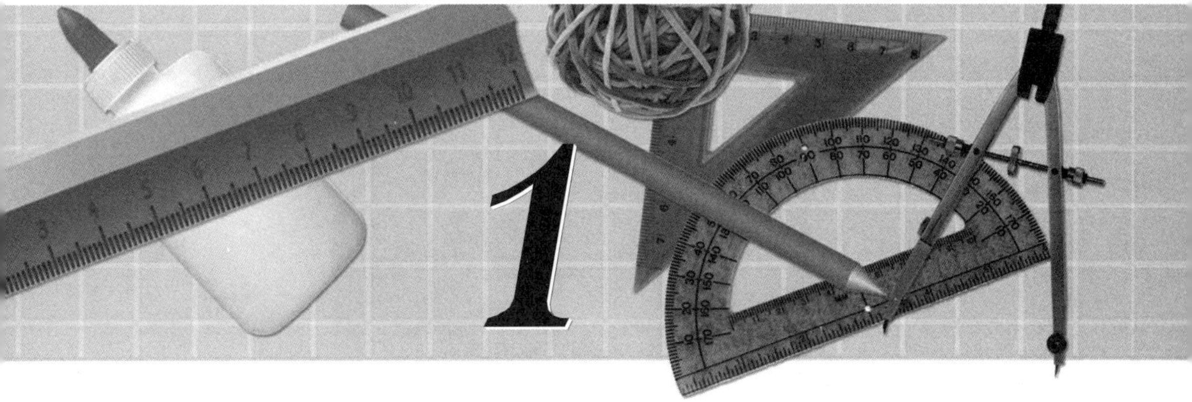

我们需要食物

你喜欢美食吗？大多数人都会回答是的。的确，无论是浪漫餐厅里丰盛的晚餐，还是家居早餐中简单的一碗麦片或一片比萨，食物都是我们生活中极为重要的一部分。但是，可以肯定，当你进餐时，你一定不会把食物与科学联系起来。其实，在我们吃一口苹果或鸡肉之前，很多与科学相关的事情就已经发生。在食物能够被食用之前，需要生产、加工、最后烹饪，这其中的所有步骤都运用了各种各样的科学知识。农民在种植农作物时，要用到生物学和生态学的知识；大厨想要研发一道新菜肴，要用到化学知识，要熟悉物质的变化过程；哪怕仅仅做一份小小的煎蛋，我们也用到了物理学和热传递原理。

科学与食物总是息息相关。任何一种食物都能帮助我们缓解饥饿，但是不同的食物对身体却有着不同的影响。营养学就是讲解食物的构成成分以及这些成分是如何被身体吸收和利用的科学。有时，甚至原本对健康有益的食物如果烹饪或储存不当也会给人体带来伤害。微生物学是一项研究微生物的科学，包括细菌和真菌，它们能侵入和腐烂食物。

接下来我们就测试科学是怎样在食物的生产、加工和保存的过程中发挥作用的。这里你将通过亲自阅读和实验来得出结论，而不是单纯地讲解科学和食物之间的联系。正如你想到的那样，很多实验都会用到食物，在一些实验中，你甚至要边做实验边品尝。因此，不论你是在自家的厨房还是在学校的实验室里做实验，遵循安全操作指南是至关重要的。此外，无论实验前后，都要确保工作台和所有器皿干净，这可以使你的实验进行得既安全又快乐。

绿色植物在阳光的照射下，利用叶绿素把二氧化碳和水转换成碳水化合物。叶绿素是一种主要存在于植物叶绿体中的绿色物质。

食物的能量

享用美食绝不仅仅是生活中一种简单的乐趣。与大部分的植物不同，食物提供能量以维持人体的正常运转。而植物则能从阳光中获取能量，通过光合作用把这种能量变成自己的食物。除此之外，植物还要从水、空气中的二氧化碳和土壤中吸收营养。要知道，营养是所有生物生存不可或缺的物质。我们将通过观察蔬菜和水果的生长情况开始我们对食物的研究旅程。在“实验 1 土壤营养与植物生长”中，你会了解到营养水平不同的土壤对植物生长的不同影响。

实验1　土壤营养与植物生长

题　目

土壤的营养水平如何影响植物的生长？

简　介

植物与动物和真菌不同，它们能够通过光合作用从阳光、二氧化碳和水中生产自己的食物。但是为了能够维持健康生长，它们都需要一定的营养物质，这些营养物质通常从土壤中汲取。在本次实验活动中，通过控制土壤，你会了解到不同的土壤营养水平是如何影响植物的生长的。

图1

实验时间

30 分钟实验准备，3 周进行观察

实验材料

- 3 个小的塑料花盆或陶瓷花盆
- 2 杯(500 毫升)优良的水洗沙
- 4 杯(1 升)天然土壤或盆栽土
- 3 株西红柿幼苗，每株大约 15 厘米高
- 1 盒奇迹格罗(Miracle Gro)肥料或类似的含有 5%氮、10%磷和 5%钾的植物化肥(大部分的苗圃和园艺商店有售)
- 防护用胶带
- 记号笔
- 直尺
- 量杯
- 水
- 阳光充足的窗台或台板，面积要足够放下 3 个花盆

安全提示

请仔细阅读并遵守本书“实验前必读”中的“安全准则”。

实验步骤

1. 用防护胶带把第一盆标为“普通沙子”，第二盆标为“天然土壤”，第三盆标为“施肥土壤”。在标有“天然土壤”的盆中填满 3/4 的土壤，并在另外 2 盆中分别填满同量的沙子和土壤。按照肥料包装上的说明，在标有“施肥土壤”的盆中加入肥料，然后在每个花盆中种一棵西红柿幼苗。确保每一盆中的植物埋入

相同的深度。每一盆中加半杯水(125 毫升),然后把它们并排放在阳光充足的窗台上。

2. 用直尺测量每株植物的高度,并在数据表中做好记录。

3. 每隔 3 天在各个盆中加入半杯水,并记录它们的高度,同时观察植物生长过程中的其他变化。21 天后,完成关于每株植物生长和健康状况的最终观察记录。

数据表 1

	植物高度		
	普通沙子	自然土壤	施肥土壤
第 1 天			
第 4 天			
第 7 天			
第 10 天			
第 13 天			
第 16 天			
第 19 天			
第 21 天			

分 析

1. 为什么在实验中让每棵植物获得等量的水分和阳光很重要?
2. 21 天后哪棵植物长得最好? 哪棵植物长得最差?
3. 肥料发挥了什么作用?

实验中发生了什么?

虽然绿色植物能利用光合作用为自己制造食物,但大多数植物也需要一定的营养来维持健康生长,这些营养通常是由植物的根从土壤中吸收得来的。土壤的养分是化学混合物,来自岩石风化时分解释放的矿物质或腐烂的有机物质,如死去的动物尸体和落叶。3 种最重要的土壤营养成分是氮、磷、钾。氮是促进叶片生长的重要物质。没有它，植物会发育不良，叶子变黄。磷有助于植物的根系生长和保持植物活力。钾，又称为钾肥，有助于刺激种子发育，使植物成熟得更快。

在自然园林中，通常土壤肥沃，含有丰富的氮、磷和钾来维持植物健康生长。然而，在普通的沙子中几乎没有这些营养成分。因此，大多数生长在沙中的植物长势都很差，即使它们得到足够的水分和阳光，几个星期后也会死亡。在养分贫瘠的土壤中添加肥料也能让植物长得更好，肥料能够提供土壤中遗失的养分。

商业植物肥料的设计会包含多种元素：氮、磷、钾，还有其他一些有利于植物健康生长的微量营养素。商业肥料的标签会告诉你它们包含的营养成分以及它们的百分比。由于氮、磷、钾是需求量最高的营养成分，因此每种成分都会标明其百分比，并被列在化肥标签的首位。一个标示为 5－10－5 的肥料就表示含有 5%的氮、10%的磷和 5%的钾。

实验结果

1. 在这个实验中，除了你测试的那一项，其余所有的变量必须是相同的。比如，在这个实验中，除了植物生长的土壤不同外，其余的所有条件都是一样的。

2. 哪种植物长得好坏将取决于所使用的土壤类型，但在施肥土壤中的植物应该是生长最好的。在普通沙土中的植物应该是长势最差的，很可能已经死亡。

3. 化肥提供了在正常土壤营养条件下额外的营养成分。

食物链

当谈到食物的能量时，所有动物，包括人类都被列为“消费者”。“消费者”无法生产自己的食物。相反，他们依靠被称为“生产者”的生物来满足能量需求。“生产者”利用光合作用把太阳的能量转换为化合物，然后被“消费者”吃掉。有时，动物可以直接吃掉“生产者”。鹿吃的是草和树叶，里面储存着化学能量。有时，一个“消费者”可以通过吃掉另一个“消费者”来得到它的能量。当土狼吃了鹿，它就成为“二级消费者”，因为草里面来自太阳的能量就通过鹿传递给了土狼。生物中的这种由于摄食而形成的线状联系被称为“食物链”。

人类是数以万计的食物链中的一部分。事实上，从一系列“消费者”和“生产者”来看，几乎我们所吃的一切都可以追溯到太阳。以比萨饼为例。一般来讲，一块比萨饼由番茄酱、奶酪和面团制作而成。面粉来自小麦，小麦是一种植物。用来做酱的西红柿也来自植物。就这两种食物而言，你是这条食物链中的一级或“初级”“消费者”。另一方面，奶酪大多来自奶牛生产的牛奶。在这一食物链中，你是二级“消费者”。如果碰巧你喜欢凤尾鱼比萨，就会出现这样的情况：你要吃的凤尾鱼吃了微小的海洋生物，而微小的海洋生物吃了能产生光合作用的海藻，那么，你就成为“三级”或第三个层次的“消费者”。这意味着每当你吃凤尾鱼比萨时，你就是 4 个不同食物链的一部分。

在现实世界中，很难发现一种非常单一的食物链。大部分生物都和许许多多其他生物有着密切联系。能够吃掉奶牛的不仅仅是人类，而稻草也不是奶牛的唯一食物。许多植物和动物都能够与一头奶牛产生吃与被吃的关系。因此，科学家通常谈论的是食物网。食物网比简单的食物链更为复杂，但最终，它们传递的能量都会追溯到太阳。

食物的卡路里

你吃的每类食物中都储存着不同的能量。一个热狗包含的能量是一个相同重量的胡萝卜的 8 倍。科学家们讨论食物能量时用卡路里作为单位。在“实验 2 测量食物储存的能量”中，你将通过把储存在不同食品中的化学能量转化为热量来测量它们的卡路里。

实验 2 测量食物储存的能量

题 目

怎样测量不同食物中储存的能量?

简 介

我们食用的所有食物都储存着化学能量。科学家们利用卡路里来测量这种能量。1卡路里的定义是将1克水提升1℃所需要的热量。卡路里是用公制计算的。在这个实验中,你将通过把食物储存的化学能量转换成热量来测量3种食物样品中卡路里的含量。

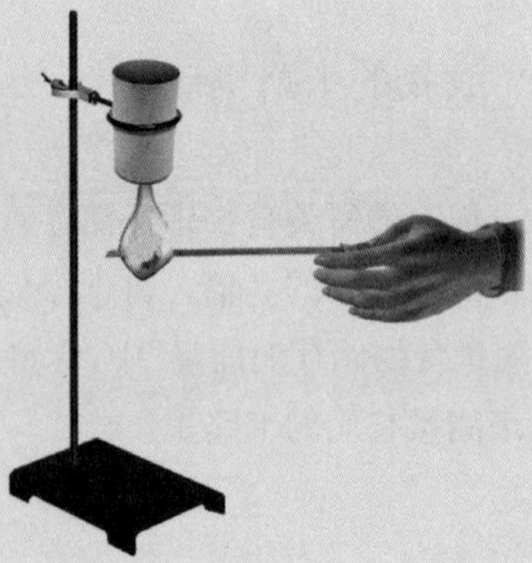

图 1

实验时间

60分钟

实验材料

- 克制天平

- 金属烤肉扦
- (铁)环架
- 去掉标签的小空钢制汤罐
- 蜡烛或本生灯
- 实验室摄氏温度计
- 带秒针的时钟
- 标有刻度的量筒或公制量杯
- 陶瓷碟
- 大块棉花糖
- 1 块切成边长为 2.5 厘米的立方体干面包
- 1 块切成边长为 2.5 厘米的立方体干奶酪(瑞士奶酪或英国产的切达干酪)
- 火柴或打火机
- 计算器

安全提示

在这个实验中,你将使用明火烧制食物。这个实验必须在成年人的指导下进行,并在一个表面防火、通风良好的区域内进行。请仔细阅读并遵守本书“实验前必读”中的“安全准则”。

实验步骤

1. 把空汤罐固定在环架上,设置一定高度使汤罐底部距离桌面约 15 厘米。如果在家里进行实验,可以把汤罐放在用粗金属丝编成的网上或小炉架上,用砖支撑。使用量筒或量杯往汤罐中倒入 100 毫升的水。

2. 把温度计放入水中停留 1 分钟。到时间后取出温度计,把温度记录在“干面包”数据表 1 中的“水的起始温度”一栏里。然后把温度计重新放回水中。

3. 把干面包块放在克制天平上称重。把面包质量记录在数据表“样本质量”一栏中。

4. 请一位成年人把面包块放在烤肉扦的末端。点燃本生灯或蜡烛，放在距金属罐至少 60 厘米的桌面上，以防止火焰的热量影响罐中水的温度。用烤肉扦举着面包放在火焰上。把开始燃烧的面包直接移到金属罐下，用它产生的火焰加热汤罐中的水。不要移动面包，直到它完全燃尽。如果火焰熄灭在面包燃尽之前，请立即重新点燃，继续加热罐中的水。等到火焰彻底熄灭，把燃尽的面包放在碟中。

5. 取出温度计，在数据表"水的最终温度"一栏中记录水的温度。清空汤罐中的水，重新放入 100 毫升的凉水。

6. 使用干奶酪和棉花糖重复步骤 2—5。在数据表中记录你所有的观察结果。测试了棉花糖之后，用水的变化温度乘以 100 计算罐中水的质量，然后才能计算出每个食物样品的热量。当你计算出每个样品的卡路里总量后，用总热量除以样品质量就得到了每克食物的热量。

数 据 表 1

干面包
样品质量 ________克
水的最终温度 ________℃
水的起始温度 ________℃
水变化的温度 ________℃
样品的总热量(水的变化的温度×100)________卡路里
每克样品的热量(样品的总能量/样品质量)________卡路里/克
干奶酪
样本质量 ________克
水的最终温度 ________℃
水的起始温度 ________℃
水变化的温度 ________℃
样品的总热量(水的变化温度×100)________卡路里
每克样品的热量(样品的总能量/样品质量)________卡路里/克
棉花糖
样本质量 ________克

续 表

棉花糖
水的最终温度 ________℃
水的起始温度 ________℃
水变化的温度 ________℃
样品的总热量(水的变化温度×100)________卡路里
每克样品的热量(样品的总能量/样品质量)________卡路里/克

分 析

1. 哪种食物样品燃烧得最慢?
2. 哪种食物每克样品所含的卡路里最多?
3. 为什么用样品中卡路里的总量除以样品质量很重要?
4. 汤罐中水的质量是多少?

实验中将会发生什么?

我们吃的每类食物中储存的能量各不相同。为了准确测量储存在不同食品中的总能量,实验室技术人员会使用一种被称为弹式热量计的装置。把食物放置在这个密闭装置内,向其中注入氧气,然后用电流将食物点燃。食物一开始燃烧,就会加热装置四壁夹层中的水。为了获取从食物中释放出来的所有热量,整个设备采用的是隔热材料,这样就不会有热量流失到外面的空气中。水变化的温度乘以水的质量就得到了食物中卡路里的总量。

科学家通常使用1大卡来计量食品中储存的化学能量,1大卡相当于1 000卡路里。通常的方法是用Calorie的简写(即大写的C)来代替整个单词。根据食物的质量,不同食物的热量值会在图表或食品包装上列出。这样,你就可以轻松地比较食物的热量。例如,一个大苹果的总热量可能与一小块饼干相同,但每克饼干所含的热量会更多。

了解自己食用的食物的热量对于保持身体健康是十分重要的。汽车的发动机需要燃烧汽油以保持汽车的运行,人体的细胞同样需要燃烧从食物中获得的热量来维持人的日常活动。你要知道，如果你不能从食物中获取足够的热量，你体内的细胞就会缺乏燃料。但如果摄取了多于身体所需的热量，多余的热量就会转化为脂肪储存在体内。

实验结果

1. 奶酪燃烧得最久，棉花糖燃烧得最快。
2. 每克奶酪所含的卡路里最多，其次是面包和棉花糖。
3. 用食物样品中的卡路里总量除以样品质量可以使你更精确地比较每种食物的热量值。
4. 汤罐中水的质量是 100 克。1 毫升水的质量为 1 克。

良好的营养：食物构建你的身体

在前面的实验中，我们了解到食品中含有不同数量的卡路里。每天摄入适量的热量对于保持身体健康是十分重要的。然而，你摄入热量的多少只是问题的一部分，热量的来源也同样重要。食物不仅仅是你身体的能量来源，它还会影响你的感觉、气质，以及你的行为方式。粮食为你的身体提供促进生长和修复受损或死亡细胞所需的原料。总之，食物几乎能为你的身体提供所有适当的营养物质。以同样的方式，植物从土壤中获得养分，我们从食物中获取营养。营养科学的目的就是解释这些营养成分来自哪里，以及它们如何对身体产生影响。

当你吃一口食物或喝一口饮料后，你的身体便开始把它分解成简单物质进行消化。消化会把养分传遍全身。养分被血液吸收，并输送到全身各个细胞。多年来，科学家们已经发现 50 多种对维持身体健康有重要作用的营养素。这些营养素通常被分为 6 个主要类别：碳水化合物、脂肪、蛋白质、维生素、矿物质和水。就让我们来看看这些营养素在人体中扮演的角色。

碳水化合物：能量促进剂

人体的能量主要来自碳水化合物。碳水化合物因包含碳、氧和氢 3 种化学元素而得名。碳水化合物的 3 种类型分别是糖、淀粉和纤维。当人们听到糖这

图 2　金枪鱼三明治、牛奶和水果都含有果糖、麦芽糖和乳糖等不同形式的糖分。

个词时，通常会想到添加到饮料和食物中使它们的味道变甜的白色晶体。砂糖，也称为蔗糖，只是糖的一种类型。还有在大多数水果中发现的果糖、在谷物中发现的麦芽糖和牛奶中的乳糖。这些糖都属于简单的碳水化合物，因为它们只有一个简单的化学结构。另一方面，淀粉是一种复合碳水化合物。在“实验 3 碳水化合物淀粉测试”中，你将有机会分析几种不同的食物，弄清楚它们是否含有复合碳水化合物。

实验3　碳水化合物淀粉测试

题　目

怎样测试不同食物中含有的复合碳水化合物?

简　介

碳水化合物是在我们吃的食物中所含的六大营养素之一。碳水化合物被消化后,转换成简单的糖分——葡萄糖。葡萄糖也被称为血糖,它在体内循环,为细胞提供燃料。碳水化合物分简单型和复合型。糖是简单的碳水化合物,能在消化过程中快速分解,使身体的能量剧增。而淀粉则是一

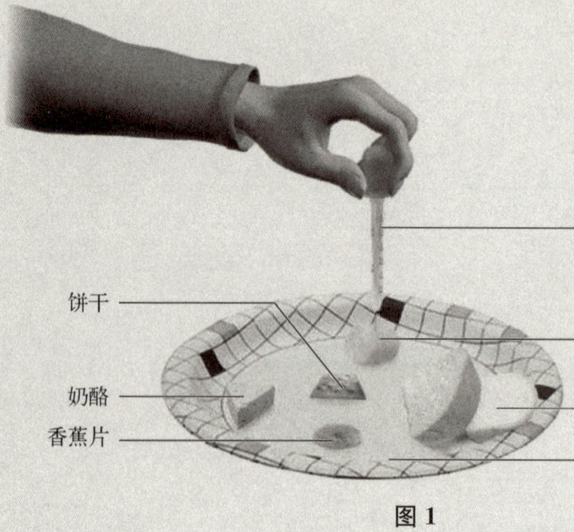

图1

种复合碳水化合物，消化速度要慢得多。由于复合碳水化合物需要更长的时间消化，所以它们能长时间地为身体提供能量。在此实验中，你要测试是否不同的食物样品中都含有淀粉。你将用到碘溶液。通常情况下碘呈现出橙色或红色，当遇到淀粉时会发生化学反应并变成深蓝色。

实验时间

45 分钟

实验材料

- 1 小瓶聚维酮碘（10%碘溶液，多数药店有售）
- 医用滴管
- 纸盘
- 生马铃薯切片
- 新鲜的香蕉片
- 棉花糖
- 饼干
- 去壳的花生、腰果或类似的坚果
- 面包片
- 小块奶酪（瑞士或切达）
- 腊肠、火腿、火鸡或类似的午餐肉的切片
- 安全眼镜
- 塑料垃圾袋

安全提示

在这个实验中，你将使用碘溶液作为指示物来测试不同类型食品中是否含有淀粉。碘含有潜在的毒分，尽量不要吸入体内。测试结束后，请

立即处理掉食物样品和纸盘。测试过程中要佩戴安全眼镜。建议在成年人的指导下进行此项测试。请仔细阅读并遵守本书“实验前必读”中的“安全准则”。

实验步骤

1. 取 8 种食物样品放在纸盘上。

2. 在每个食物样品上滴入一滴碘溶液。等待 15 秒。如果碘溶液变成深蓝色,则食物中含有淀粉。反之若碘溶液保持原色,则食物中不含淀粉。

3. 在数据表中记录实验结果。把食物样品和纸盘扔进塑料垃圾袋。如果实验过程中有碘溶液溅出,请立即用湿巾擦拭。

数据表 1

食物样品	含有淀粉	没有反应
香蕉		
面包		
奶酪		
饼干		
午餐肉		
棉花糖		
坚果		
土豆		

分析

1. 哪样食物样品中含有淀粉?

2. 所有食物的共有特征是什么?

3. 根据你的实验结果,下列哪样食物中也应该含有淀粉:大米、牛排、金枪鱼、黄油、爆米花还是意大利面？

实验中将会发生什么？

我们吃的食物中的碳水化合物是我们最重要的能量来源。复合碳水化合物能为我们稳定地提供能量和维持血糖平衡。摄取足够多的复合碳水化合物不仅仅是作为一个主要的能量来源，它还可以协助释放蛋白质使其用于构建和修复细胞。营养专家认为，55%—65%的食物热量应该来自复合碳水化合物。

几乎所有复合碳水化合物都来自植物原料。豆类、马铃薯、小麦、玉米、大米、燕麦都含有丰富的淀粉。因此，这些植物制成的产品，如面食、面包和谷类食品都含有大量的淀粉。多年来，碳水化合物获得了一个肥胖食品的坏名声。但事实并非如此。如果身体摄取的碳水化合物多于自身的需要，那么多余的才会转化为脂肪。这种情况多在我们吃了太多简单的碳水化合物时发生。近年来，糖被添加到许多食品和饮料中。因为它们迅速分解形成血糖，身体不得不快速存储多余的能量。复合碳水化合物分解比较慢，所以它们往往被消耗，而不是被储存。当然，无论什么来源，过多的热量都会导致脂肪的增加。但和拒绝碳水化合物相比，更好的办法是用复合碳水化合物取代简单的糖类。

实验结果

1. 面包、饼干、马铃薯、蜀葵和香蕉在淀粉测试中呈阳性反应。
2. 所有食物样本全部来自植物。
3. 大米、爆米花和面食中都含有淀粉。

纤维的真相

膳食纤维是最重要的复合碳水化合物之一。纤维是营养学家们所说的水果和蔬菜里坚韧和粗糙部分的代名词，它形成了谷物的外皮，如大米、玉米、小麦。纤维通常不易被人体所消化。相反，纤维经过消化系统，有助于更有效地清除有害物质。如果你吃了不少的玉米粒，你就会注意到这一点。纤维有助于预防便秘，还可以长期预防某些特殊类型的癌症。如果你正在尝试减肥，那么富含膳食纤维的食物对你尤其重要，它们能在不增加热量的情况下填饱你的肚子。增加日常饮食中纤维量的最好方法是吃带皮的水果、蔬菜和豆类。此外，全麦面包、糙米的纤维含量都远远超过加工过的白米和漂白过的面粉。

蛋白质：构建身体的防护墙

蛋白质也含有卡路里。它们可以作为一种能量，还有制造细胞的作用。每个细胞都是由蛋白质构成，而且由于细胞不断更新，人体就要不断地从食品中获得新的蛋白质以维持生命。蛋白质一词来源于古希腊语 proteins，意为“最重要的”。如没有蛋白质的持续供应，人就将无法生存。

图 2　牛排和鸡蛋都是高蛋白的食物来源。蛋白质负责维护和替换人体组织。例如，蛋白质可以用来制造血红蛋白，是红细胞的一部分，它可以把氧气运送到你身体的每一个部分。

蛋白质由复合氨基酸分子构成。你可以把氨基酸想象成字母表中的字母。通过不同的氨基酸结合，你的身体可以制造出数百种蛋白质。蛋白质也存在于激素和酶类中，协助它们调节身体系统机能和控制体内的化学反应。许多食物含有蛋白质，其中包括肉、鱼、奶、蛋、豆类和坚果。当你吃的食物中含有丰富的蛋白质时，你的身体就会消化它并释放氨基酸。在“实验 4 蛋白质的消化”中，你会发现酶是如何帮助分解蛋白质，并使你的身体充分利用它所含有的氨基酸的。

实验 4 蛋白质的消化

题目

酶类怎样帮助身体消化蛋白质?

简介

蛋白质是人体从食物中获取的六类营养物质之一,它在人体中的主要作用是构造新的细胞。人们也在激素和其他体液中发现了蛋白质。蛋白质由复合的氨基酸分子组成。氨基酸共有 22 种不同的类型,人体能生产其中的 14 种,其他 8 种被称为必需氨基酸,只能从所吃食物中获得。为了获得这些氨基酸,你的身体必须先消化摄取的蛋白质。这个消化过程要在特殊的化学物质酶的帮助下进行。在这个实验中,你将看到酶如何帮助分解肉类中的蛋白质。

实验时间

45 分钟

实验材料

- 250 克的生牛肩胛肉排或类似的低等级的牛排

- 菜板
- 锋利的菜刀
- 2 个金属餐叉
- 1/2 茶匙量具
- 嫩肉粉
- 冰箱
- 保鲜膜
- 2 个中等大小的盘子
- 烤架、烤器或大煎锅放在炉子上
- 手表或计时器

安全提示

在此实验中，你要用锋利的刀切割一块肉，而且还要烹饪它。建议在成人指导下进行此项实验。处理生肉可能会传播细菌。切完生肉后要用热肥皂水洗手并清洗台面。实验后将肉丢弃，不可食用。请仔细阅读并遵守本书“实验前必读”中的“安全准则”。

实验步骤

1. 请一位成年人将生肉用刀切成均等的 2 份。用餐叉把两片肉分别放在盘子上。请成年人在一片肉上刻上“×”(如图)，另一片先搁置一旁。

2. 在刻有“×”的肉上均匀地撒上半茶匙的嫩肉粉，另一片保持原样。用餐叉在两片肉上反复戳洞。每个孔洞之间保持约 1/2 厘米的距离。用保鲜膜覆盖两片肉，放进冰箱等待 30 分钟。

3. 30 分钟后，把两片肉并排放在同一个烤架或煎盘上，保证它们在相同的时间内受到同等的火力。其中一面煎 5 分钟后，用餐叉翻到另一面再煎 5 分钟。

4. 把肉放回盘子上。让撒有嫩肉粉的肉片在右侧。将两个叉子插入肉中慢慢向两侧拉，用这种方法将两片肉撕开。比较两片肉的质感和撕开肉所用的力度。

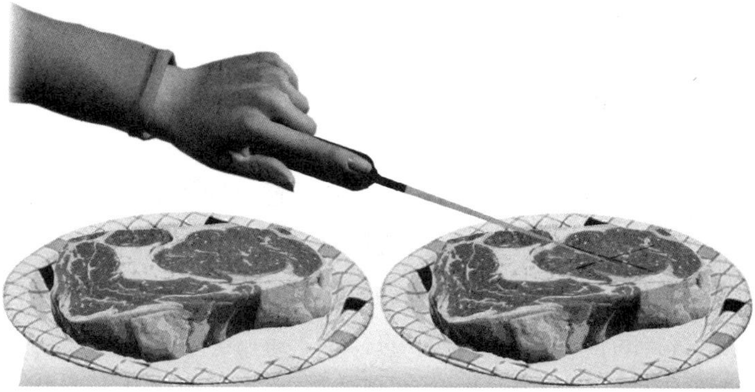

准备好的肉块　　用叉子划一个“×”

分　析

1. 把两片肉并排放置并保持煎烤相同时间的重要性？
2. 哪片肉在煎后更易用餐叉撕开？
3. 相互比较两片肉的质感如何？

实验中将会发生什么？

肉类和鱼类都是高蛋白食物，包含了一个人在他饮食中需要得到的所有的必需氨基酸。但是，为了使这些氨基酸能被人体食用，必须分解蛋白质。这项工作由一种存在于消化系统的叫作酶的化学物质完成。生肉通常是非常坚韧的，很难撕碎，因为它含有一种胶原蛋白。烹饪会分解一部分肉中的这种蛋白质，使其更容易咀嚼和消化。嫩肉粉中含有酶，它与肉类反应起到“预先消化”的作用。烹调之前这些酶的反应时间越长，肉就越容易被咀嚼和消化。

实验结果

1. 在这个实验中，除了你的测试项，其余所有的变量都必须是相同的。在此项实验中，除了要在其中一片上使用嫩肉粉外，其他条件都必须相同。

2. 使用了嫩肉粉的肉片更容易被撕开。

3. 没有使用嫩肉粉的肉片更坚韧，有一种纤维的质感。

好脂肪与坏脂肪

如今，日常饮食中到底应该含有多少脂肪，这个问题引起了广泛的讨论。新闻报道和文章都在不断地提醒我们，脂肪食品对健康不利。在食品商店里，从牛奶、麦片到冰淇淋、饼干都归类到低脂肪食品。仅仅根据这些信息，你可能会认为吃任何含有脂肪的食品都是不健康的。

然而，并非所有的脂肪都是对你不利的。事实上，与碳水化合物和蛋白质一样，脂肪是人体生存所需的最重要的营养素之一。脂肪的学名是脂质。所有脂质跟碳水化合物一样都是由碳、氢、氧 3 种元素组成，只不过 3 种元素的原子排列方式不同。脂质的主要组成部分是脂肪酸，它存在于名为甘油的化学物质中。脂肪根据附着在甘油分子上的脂肪酸分子数的不同分成不同的类型。以甘油三酸酯为例，就是有 3 个脂肪酸分子附于甘油分子上。

根据脂肪酸中碳原子与氢原子的结合数，脂肪进一步分为饱和脂肪和不饱和脂肪。饱和脂肪是指碳链完全被氢原子饱和的一类脂肪酸。饱和脂肪一般存在于肉类和某些植物油中，如棕榈油、椰子油。饱和脂肪通常在室温下呈固体状。在不饱和脂肪中，碳原子可以连接额外的氢原子。不饱和脂肪包括许多植物油，如玉米油和橄榄油。不饱和脂肪通常在室温下呈液体状。

脂肪在人体中扮演着相当重要的角色。与碳水化合物一样，脂肪为人体提供能量。以克计算，脂肪可以提供两倍于碳水化合物(9 卡)和蛋白质(4 卡)所提供的热量。脂肪还可以向你的血液中输送一定量的维生素。当脂肪消化后，它们分解成单质物质，即脂肪酸。你的身体能生产一些但不能生产全部。比如亚油酸，它是维持皮肤正常和健康生长不可或缺的物质。因为你的身体不能生产亚油酸，所以必须从饮食中摄取。

摄取适量的脂肪对于保持身体健康是必要的，但食用过多饱和脂肪也会导致健康问题。大多数肉类都含有你看不到的饱和脂肪。在“实验 5 寻找肉类中隐藏的脂肪”中，你将测试两种不同的牛肉样品，以便发现它们含有多少脂肪。

实验5　寻找肉类中隐藏的脂肪

题　目

怎样计算出肉中隐藏了多少脂肪?

简　介

所有肉类都含有一定的脂肪。有时,我们可以在鸡胸或牛排上看到一层肥肉。用刀可以把我们看到的那层肥肉去掉,但这并不意味着所有的脂肪都被除掉了。即便是一块所谓的“精瘦”肉也有隐藏的脂肪。在这个实验中,你将测量两种不同的牛肉样品中隐藏多少脂肪。

实验时间

60 分钟

实验材料

- 1 台单位为克的天平
- 大煎锅
- 火炉或热板
- 锅垫或烤箱手套
- 2 个大纸杯或聚苯乙烯杯
- 2 个大的纸碟
- 大漏勺
- 安全眼镜
- 250 克碎牛肉，标记为 75%瘦的肩胛肉
- 250 克碎牛肉，标记为 90%瘦的里脊肉
- 薄铝片
- 纸巾
- 装有热肥皂水的水槽
- 计算器
- 成人助手

安全提示

这项实验需在负责任的成年人指导下进行。在这个实验中，你会用炉子处理牛肉以去除脂肪。煎锅和脂肪都会非常烫。所有煎炸过程应由成年人完成。当向杯子中倒入热的液化脂肪时，要戴上烤箱手套和安全眼镜。小心不要让脂肪溅出。生肉可能含有细菌，应小心处理。实验结束后，用热肥皂水洗手并清洗所有的器具表面。实验后所剩脂肪和杯子

应该按照分类倒入相应的垃圾箱。请仔细阅读并遵守本书“实验前必读”中的“安全准则”。

实验步骤

1. 分别把 2 种牛肉样本放在 2 个薄铝片上。观察样品的颜色和质感。把观察结果记录在数据表格中。

2. 用薄铝片把牛肩胛肉样品(75%瘦肉)放在天平上。称量出最接近 1/10 盎司的样品,并记录在数据表上。然后把牛肉放在煎锅内,把薄铝片平铺在纸盘上备用,用中等温度把煎锅内的牛肉加热。用勺子把结团的肉分开,每隔几分钟搅拌一下。约 15 分钟后,锅内的肉完全变成褐色。这时小心地用漏勺把变成褐色的肉转移到铺了薄铝片的盘子上。捞起熟肉时,动作要慢一点,要让变成了液态的脂肪通过漏勺上的漏眼都流到煎锅内。

3. 提起铝箔的边缘把肉放在天平上。称量出肉的质量并记录在数据表上。用生肉的质量减去煎后熟肉的质量来计算脂肪的质量。再用脂肪的质量除以生肉的质量再乘以 100,就能得出隐藏在牛肉中的脂肪百分比。

4. 小心地将煎锅内的液体脂肪倒进一次性杯子中,放到一边冷却。用热清洗液清洗煎锅,然后用纸巾擦干。

5. 用牛里脊肉(90%瘦肉)样品重复步骤 1—4。

6. 冷却大约 30 分钟后,观察杯子内的脂肪。

数 据 表 1

牛肩胛肉:75%瘦 生肉的观察结果:____________________ ____________________
生肉的样品质量________盎司 淋净脂肪的熟肉质量________盎司 脂肪的质量(生肉样品质量-熟肉样品质量)________盎司 肉中脂肪的百分比(脂肪质量/生肉样品质量×100)________%

续 表

牛里脊肉：90%瘦 生肉的观察结果：____ ____
生肉的样品质量________盎司 淋净脂肪的熟肉质量________盎司 脂肪的质量(生肉样品质量－熟肉样品质量)________盎司 肉中脂肪的百分比(脂肪质量/生肉样品质量×100)________%

分 析

1. 在煎锅内处理之前，两种样品牛肉呈现怎样的颜色和质感？
2. 当你开始加热牛肉样品时，牛肉中的脂肪发生了怎样的变化？
3. 哪一种样品牛肉含脂肪的百分比最大？
4. 杯子中的脂肪冷却后发生了什么情况？

实验中将会发生什么？

没有100%不含脂肪的肉，即使是最瘦的肉中也含有一些脂肪。在这个实验中，你比较了两种牛肉的脂肪含量。牛里脊肉是相对来说很瘦的肉，但隐藏脂肪的百分比仍然很高。这种隐藏的脂肪就是所谓的大理石花纹肉，它给肉带来了味道和质感。如果剔除肉中所有的脂肪，肉会变得非常干燥，也没有什么味道。当肉煮熟后，里面的脂肪开始融化，变成液体。这个过程称为精炼。把液化的脂肪收集并冷却，它就成了一种脂肪产品，叫作牛油。过去，牛油被用来制造蜡烛和肥皂，作为润滑剂，也可以用来煎炸食品。因为它是由动物脂肪得来的，含有极高的饱和脂肪。许多人和餐馆不再使用牛油来烹饪，他们用植物油。在我们看来，植物油含有不饱和脂肪会更加健康。

实验结果

1. 虽然牛肩胛肉的颜色稍显灰白，但两种样品看起来还是非常相似的。很难看出哪一个牛肉样品中含有脂肪。

2. 当肉开始被加热时，其中的脂肪融化了。

3. 牛肩胛肉的脂肪含量比牛里脊肉的要高。

4. 当杯中的脂肪冷却后，它变成了白色的固体。

关于胆固醇

当人们讨论食物中脂肪的影响时，他们经常使用的术语是胆固醇。胆固醇并不是真正的脂肪，而是存在于人体每一个细胞膜上的一种蜡色的、类似脂肪的物质。在多数情况下，你的细胞和肝脏会产生身体需要的所有胆固醇，它不是日常饮食中必需的。把胆固醇由肝脏带到血液的特殊化学物质称为脂蛋白。这些分子主要分为两类——高密度脂蛋白(HDL)，也被称为“好胆固醇”，有助于疏通血管脂肪堆积物，保持血管的工作效率。低密度脂蛋白(LDL)，所谓的“坏胆固醇”，会阻塞动脉。LDL是一个庞大的分子，会导致很多健康问题。在许多肉、蛋和乳制品中，比如奶酪和冰淇淋中就有LDL。出于这个原因，健康专家建议在日常饮食中限制这些食品。他们建议多吃高密度胆固醇含量高的食物，如新鲜水果和全麦食品。

维生素和矿物质

虽然身体对维生素和矿物质的需求没有像对碳水化合物、蛋白质和脂肪的需求那么高，但它们对保持身体健康是同样重要的。维生素和酶一起有助于控制人体内的各种化学变化。维生素通常被分为两种：水溶性维生素和脂溶性维生素。水溶性维生素存在于许多水果和蔬菜中，它们包含维生素C和维生素B。顾名思义，这些维生素在进入消化系统后能够溶解于水。大多数果汁中含有大量的这种维生素。如果你把蔬菜和水果放在水中煮很长时间，然后把水倒掉，你就失去了很多的维生素。脂溶性维生素包括维生素A、维生素D、维生素E和维生素K。这些维生素存在于肉类和油脂中。

矿物质是岩石的组成部分，它们来自土壤，通过食物链向上传递，直到进入我们的身体。矿物质也是许多生物必不可少的元素。例如，铁就是一种矿物质，是血红蛋白的组成部分。再比如钙，它能促进骨骼生长。磷有助于调节血液中的化学反应。

维生素和矿物质

水溶性维生素		
维生素	在身体中的职责	来 源 食 物
C	保护身体免受感染，形成结缔组织，帮助伤口愈合，保持血管强壮。	柑橘、花椰菜、白菜、西红柿
B1	把葡萄糖转化为脂肪，促进食欲。	全麦食品、肝、坚果、麦芽粉、豆类蔬菜
B2	促进脂肪、碳水化合物和蛋白质的新陈代谢，保持皮肤健康。	多叶的绿色蔬菜、牛奶、奶酪、鸡蛋、鱼
烟酸	促进身体的能源产生，利用碳水化合物合成脂肪，促进身体组织呼吸，对身体组织的维护有重要作用。	发酵粉、肝、鸡蛋、鱼、麦芽粉
B	促进氨基酸和碳水化合物的新陈代谢。	麦芽糖和麦芽粉、肝、肉类、鱼、全麦食品
叶酸	RNA、DNA 和正常红细胞产生的必要元素。	肝、坚果、绿色蔬菜、橙汁
B12	促进红细胞的产生和正常生长。	肉类、肝、鸡蛋、牛奶
脂溶性维生素		
A	促进身体细胞生长，强健牙齿，促进骨骼对钙和磷的吸收，保持眼睛湿润。	牛奶和其他乳制品、绿色蔬菜、胡萝卜
D	保持牙齿和骨骼正常生长。	鱼油、牛肉、黄油、鸡蛋、牛奶、也可由阳光照耀下的皮肤产生
E	保护红细胞不被破坏。	黄色植物油和麦芽粉
K	加快血凝结的速度。	菠菜、鸡蛋、肝、卷心菜

矿 物 质		
钙	形成骨骼和牙齿，调节心肌收缩，参与血液凝结过程。	乳制品、多叶蔬菜、杏
磷	与钙一起促进骨骼强壮，促进细胞的新陈代谢，维持血液酸碱平衡。	豌豆、豆类、牛奶、花椰菜、肉类、松软干酪
铁	红细胞氧气运输系统的重要组成部分，增强对疾病的抵抗力，调节身体组织呼吸。	肝、红肉、贝类食物、花生、干果、鸡蛋
碘	甲状腺激素的重要组成部分，保持体内水平衡。	加碘盐、海鲜

续 表

矿 物 质		
锰	酶系统的辅助因子，参与碳水化合物、蛋白质和脂肪的新陈代谢，对软骨组织和骨骼生长有重要作用。	麦芽粉、坚果、糖、绿色多叶蔬菜、谷物类
铜	几种呼吸酶的必要组成部分，促进细胞生长。	肝、豆类、巴西豆、全麦面粉、小扁豆
锌	许多酶系统和胰岛素的必要部分。	贝类食物、肉类、牛奶、鸡蛋
氟	促进牙齿和骨骼正常生长。	牙膏和加工过的水
钼	协助酶制造尿酸。	豆类蔬菜、肉制品
钠	调节体液平衡。	食盐、豆类、甜菜、杏干、菠菜、葡萄干
氯化物	胃和唾液中消化液的一部分。	食盐、豆类、甜菜、杏干、菠菜、葡萄干
钾	有助于控制体液和身体酸碱平衡，氨基酸使用中酶的催化剂。	大多数食物
镁	酶的辅助因子，参与碳水化合物的新陈代谢。	大多数食物
硫黄	胰岛素和氨基酸的组成部分，促进头发、皮肤和指甲的生长。	坚果、干果、大麦、燕麦片、鸡蛋、豆类、奶酪

选择食物要明智

今天，人们有无限的食物可以选择。一种健康的饮食应该包括所有必需的营养。如果想保持适当的体重，最重要的就是限制人体每天摄入的总热量。美国政府有这样一项法律，规定所有带包装的食品制造商要列出食品生产使用的所有成分。此外，每个产品必须要有一个标签，要标明食品中所含热量和营养的详细数据。在“实验 6 阅读食品标签”中，你会看到几种为你提供每天所需要的营养成分的常见食品在生产时是如何组合的。

实验6　阅读食品标签

题　目

在营养信息标签上会得到什么类型的信息？

简　介

在美国，所有带包装的食品都必须贴有标签，列出各种信息，包括建议食用分量、每份的热量、来自脂肪的热量和食物含有的维生素和矿物质。标签还必须列出食物中脂肪、蛋白质、碳水化合物、糖、钠、纤维和胆固醇的含量。这里介绍两种表示营养成分的方式：直接标明重量克数或标明每日标准的百分比值。每日标准百分比值显示出的是多少百分比的这种产品可以满足人体对这种营养成分的日常需要。这个百分比通常是基于每天在饮食中摄取 2 000 卡路里这个标准来计算的。在此实验中，你会比较几种包装食品的营养标签，看看哪种组合提供了你一天需要的所有营养。

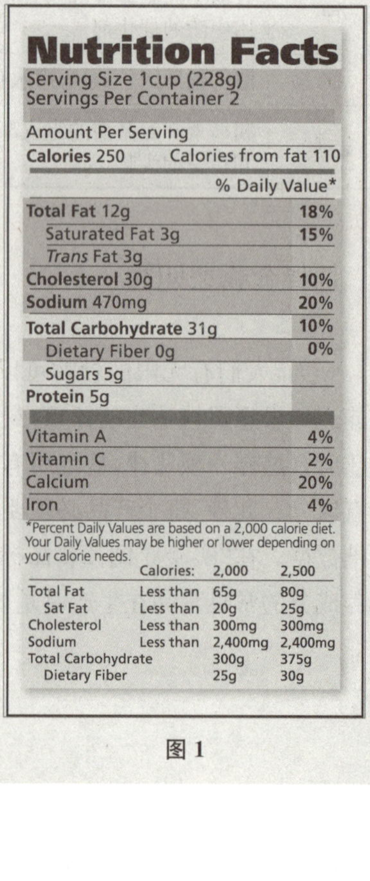

Nutrition Facts

Serving Size 1cup (228g)
Servings Per Container 2

Amount Per Serving

Amount Per Serving	
Calories 250	Calories from fat 110
	% Daily Value*
Total Fat 12g	**18%**
Saturated Fat 3g	**15%**
Trans Fat 3g	
Cholesterol 30g	**10%**
Sodium 470mg	**20%**
Total Carbohydrate 31g	**10%**
Dietary Fiber 0g	**0%**
Sugars 5g	
Protein 5g	
Vitamin A	4%
Vitamin C	2%
Calcium	20%
Iron	4%

*Percent Daily Values are based on a 2,000 calorie diet. Your Daily Values may be higher or lower depending on your calorie needs.

	Calories:	2,000	2,500
Total Fat	Less than	65g	80g
Sat Fat	Less than	20g	25g
Cholesterol	Less than	300mg	300mg
Sodium	Less than	2,400mg	2,400mg
Total Carbohydrate		300g	375g
Dietary Fiber		25g	30g

图 1

实验时间

60 分钟

实验材料

- 1 罐金枪鱼罐头
- 天然干酪(未经加工的美国奶酪食品)
- 1 盒低脂牛奶
- 1 盒包糖或类似加糖麦片
- 1 盒老式或传统燕麦片
- 355 毫升的常规可乐(含糖)

安全提示

请仔细阅读并遵守本书“实验前必读”中的“安全准则”。

实验步骤

1. 在每个食品包装上找到营养标签。使用标签上的信息填写数据表,并回答问题。

数据表 1

	金枪鱼	燕麦片	加糖麦片	牛　奶	干　酪	苏打水
每份大小						
每份食物的卡路里						
脂肪中的卡路里						
饱和脂肪						
脂肪总量						

续 表

	金枪鱼	燕麦片	加糖麦片	牛　奶	干　酪	苏打水
钠						
碳水化合物总量						
糖						
其他碳水化合物						
膳食纤维						
蛋白质						

分　析

1. 哪种食品含有的蛋白质最多？
2. 哪种食品的饱和脂肪含量偏高？
3. 哪种食品提供了最多的膳食纤维？
4. 哪种食品的脂肪含量最低？
5. 哪种食品钠的含量最高？
6. 根据营养标签，哪种食品会是营养值最低的？

实验中将会发生什么？

不同的食物含有不同数量的营养物质。营养成分含量标签可以帮助大家对所食用的食物作出明智的选择。许多食物都可以提供人体生存所需的热量，但这些热量在人体内是如何被消耗的却是各有不同。热量的最佳来源是复合碳水化合物和不饱和脂肪，消化这两样物质是需要很长时间的，所以食用含有这两种物质的食物会让你长时间内都觉得很饱，没有饥饿的感觉。另外，蛋白质有助于细胞的生长和修复，所以你也需要食用含有蛋白质的食物。

要避免食用钠、糖和饱和脂肪含量很高的食物。例如软饮料，它属于高热量食品，其所有的热量几乎都来自单糖。这些食物的营养价值非常低。加了增甜剂的麦片粥虽然含有一些复合碳水化合物，但其中糖和钠的含量也很高。事实上，大多数经过加工、处理的食品中钠和糖的含量比新鲜食物要高。所以我们要尽量多吃新鲜水果、蔬菜、全麦制品和面包，而尽量减少食用加工过的食品。

实验结果

1. 金枪鱼、牛奶和奶酪都富含蛋白质。
2. 牛奶和奶酪的饱和脂肪含量偏高。
3. 燕麦片的膳食纤维含量最高。
4. 苏打水的脂肪含量最低。
5. 答案会有不同，但金枪鱼和奶酪中钠的含量通常很高。
6. 苏打水是营养价值最低的，因为它的热量来源只是加工过的糖。

水：仙丹妙药

尽管水没有热量，但它通常被认为是最重要的营养成分。水的重量占了人体体重的 2/3。水存在于人体的每个细胞中，帮助调节几乎所有的身体机能。血液大部分是由水构成的，水可以让你消化食物和排泄废物。虽然许多食物中含有水，但为了保持身体的水分，每天喝大约 2 升的水还是十分重要的。

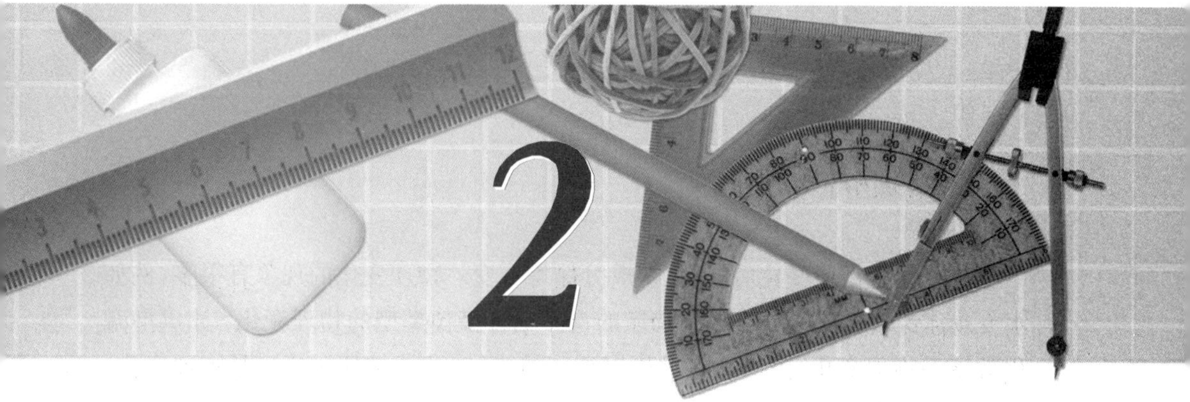

2

食物化学

当人们听到化学这个名词时，往往会想象在一个有很多高科技设备的实验室里，身着白色工作服的科学家正在调配复杂的化学混合溶液。厨师和科学家虽然工作地点不同，但都会用到同样多的化学原理。化学是科学的一个分支，主要探索物质及其变化规律。食物也是一种物质。物质都具有一定的质量并占据一定的空间。物质有几种不同的形态：固态、液态和气态，而且两种形态之间可以互相转化。

厨师就像科学家，利用物质的化学性质来制作食物。

食物的物理变化

物质经过物理变化后，其化学成分保持不变。物理变化的现象有很多，例如水变成冰或岩石崩裂等。作为物质的食品也有多种类型的物理变化：冰淇淋融化就属于物理变化，因为冰淇淋可以重新被冻结；蔬菜被切成段也是物理变化，因为蔬菜的性质不变，只是大小和形状发生了改变。在“实验 7 脱水水果”中，你可以观察到把水分从水果中分离出来，然后再重新注入水果中会发生什么。

实验7　脱水水果

题　目

不同水果中水的含量是多少?

简　介

每一种新鲜水果中都含有水分。把水分从水果中分离出来的过程就叫作脱水。这是食品经历物理变化的一个例子。物理变化通常是可逆的,这一点与化学变化不同。在此实验中,你将测试并观察水果脱水是不是一个真正的物理变化,同时在此过程中确定不同种类的水果含有多少水分。

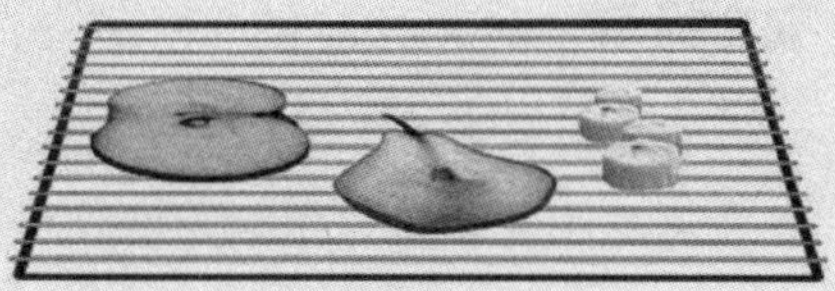

炉架

实验时间

30分钟准备和测量,4小时烘干

实验材料

- 天平

- 标准烤箱或对流烤箱
- 3 块干净的金属板，每块约 15 厘米×30 厘米
- 新鲜的香蕉
- 新鲜苹果
- 新鲜的梨
- 砧板
- 尖刀
- 微波炉手套
- 锅铲
- 3 个大纸碟
- 标记贴
- 手表或计时器
- 1 大碗水
- 计算器
- 成人助手

安全提示

这个实验应在负责任的成年人指导下进行。在这个实验中，你将把水果切开并放在烤箱中烘干。请仔细阅读并遵守本书“实验前必读”中的“安全准则”。

实验步骤

1. 使用标记贴分别在 3 个纸碟上标注“香蕉”“苹果”和“梨”。

2. 香蕉去皮，放在砧板上。横向将香蕉切开，使每片的厚度约为 1 厘米。观察香蕉片并记录其外观变化。将香蕉切片放在标有“香蕉”字样的纸碟上用天平称出重量。把重量记录在数据表中“湿重”标题下，然后把香蕉片放在一块金属板上备用。

3. 把苹果侧面放置在砧板上。用刀从底部开始水平切开苹果，使每片的厚

度约为 1 厘米。把苹果切片放在标有“苹果”字样的纸碟里，像香蕉一样称出重量并进行记录，然后把苹果移至第二块金属板上。

4. 对梨重复步骤 3 的操作。

5. 启动烤箱到 93℃，把 3 块金属板同一时间放在烤箱架上。把水果加热 4 个小时，然后关闭烤箱取出金属板。用铲子把香蕉片重新移回到原纸碟上。观察香蕉片并把观察结果记录在数据表中。用天平称出碟子的重量并把结果记录在数据表中“干重”的标题下。对苹果片和梨片重复相同的程序。

6. 启动烤箱到 93℃，把 3 块金属板同时放在烤箱架上。把水果加热 4 小时，然后关闭烤箱取出金属板。用铲子把香蕉片重新移至原纸碟中，观察香蕉片并把观察结果记录在数据表中。用天平称出装有香蕉片的纸碟的重量并把结果记录在数据表中“干重”的标题下。对苹果片和梨片重复相同的步骤。

7. 用以下方法计算每片水果中水分的百分比：湿重减去干重得出水的重量。用水的重量除以湿重再乘以 100。

8. 在你完成计算后，把每片水果的一部分放在一碗水中，约 15 分钟后，取出水果观察，并与烘干的水果片进行比较。如果你愿意，可以品尝水果片。在数据表上记录你的观察结果。

数 据 表 1

新鲜水果的观察结果	
香蕉	
苹果	
梨	

数 据 表 2

香蕉重量的计算
湿重：________盎司
干重：________盎司
水的重量：(湿重－干重)________盎司
水分的百分比：(水的重量/湿重×100)________%

数 据 表 3

苹果重量的计算
湿重：________盎司
干重：________盎司
水的重量：(湿重－干重)________盎司
水分的百分比：(水的重量/湿重×100)________%

数 据 表 4

梨重量的计算
湿重：________盎司
干重：________盎司
水的重量：(湿重－干重)________盎司
水分的百分比：(水的重量/湿重×100)________%

数 据 表 5

干果的观察结果	
香蕉	
苹果	
梨	

数 据 表 6

加水食物的观察结果	
香蕉	
苹果	
梨	

分 析

1. 在把水果片放入烤箱之前，它们的质地如何？
2. 当把水果片从烤箱中取出时，它们的颜色和质地发生了什么变化？

3. 放入盛有水的碗中的水果片在加热后，质地有什么变化？
4. 哪种水果中的水分含量最大？

实验中将会发生什么？

水对于所有的生物来说是最基本的营养成分。我们生活中所食用的大部分食物中含有大量的水分，尤其是水果和蔬菜。在本次实验中，你将使用烤箱加热水果使其“脱水”。加热水果会使细胞中的一些水分流失，因此水果的重量会减少。由于细胞中水分的流失，水果看上去会干瘪变形且质地坚硬。把一些水果干放入水中，会使其中一部分吸水并膨胀起来，但是它们不可能再度吸收所有流失的水分了。

在本次实验中，你将通过水果脱水缺失的重量来比较 3 种水果中的水分含量。由于你只将水果脱水几个小时，将不能去除所有的水分。完全去除水分需要几天的时间。如果你去除了这些水果中的所有水分，那么你就会发现苹果和梨中含有大约 84%的水分，香蕉中大约含有 74%的水分。正如你猜想的那样，西瓜是含水量最多的水果，一个普通西瓜的含水量大约是 92%。

实验结果

1. 苹果和梨都有一定的硬度且含有水分，香蕉则很柔软，很黏。
2. 脱水后所有的水果都很硬，而且皱巴巴的。
3. 当水果片被再次放入水中时，它们就变得柔软膨胀起来。
4. 苹果和梨中含有更多的水分，而香蕉中则少一些。

牛肉干、葡萄干和西梅肉

当食物富含水分时，就为细菌的生长和繁衍提供了理想的环境。正是由于这个原因，水分充足的食品更容易腐烂。几千年前，人们就发现烘干的食物能更长久地保存，所以脱水是保存食物的首要方法。土著美国人用脱水的方法制作干肉饼。这种高蛋白的点心是由干肉（通常是鹿肉或水牛肉）、动物脂肪和干梅肉做的。干肉不仅便于保存而且方便携带。现在，当人们进行长途徒步旅行或野营旅行时，就经常携带脱水食物，如葡萄干、西梅干和牛肉条。

食物中的化学变化

化学变化是物质的分子结构发生永久的改变。与物理变化不同，化学变化通常是不可逆的。食物的化学变化非常普遍。当你烤牛肉或是煎鸡蛋时，就已经发生了化学变化。一旦食物被做熟，就不能再变成生的。加热食物是一种化学变化。在“实验 8 奶酪制作过程中的化学反应”中，你将会观察到几种化学变化。在该实验中，你将用酸来使牛奶发生化学反应，制作简单的奶酪。

实验 8　奶酪制作过程中的化学反应

题　目

如何利用化学反应来制作奶酪？

简　介

“小玛菲特坐在土墩上，享受着她的凝乳和乳清……”，很多人们都熟悉这个古老的育儿歌谣，但他们却不知道什么是“凝乳和乳清”。这道传统的英国食品与普通的奶酪很相似，是利用醋和牛奶的化学反应来制作的。在本次实验中，你将有机会用厨房的化学原料来制作一碗凝乳和乳清，同时了解简单的化学反应是如何发生的。

图 1

实验时间

45 分钟

实验材料

- 2 个干净的玻璃或不锈钢碗
- 500 毫升新鲜、无脂的常温牛奶
- 50 毫升白醋
- 手表或计时器
- 大的木勺
- 干净的塑料袋
- 纸盘
- 带有良好滤网口的过滤器

安全提示

请仔细阅读并遵守本书“实验前必读”中的“安全准则”。

实验步骤

1. 把牛奶倒入 1 个碗内，使其处于常温状态。

2. 轻轻地把醋搅拌到牛奶中，边做边观察。用塑料袋盖住碗口，静止放置 10 分钟。记录你的观察结果。

3. 10 分钟后，揭掉塑料袋，观察碗内的牛奶。用过滤器过滤牛奶混合物，让滤出的液体流入第二个碗内。用冷水冲洗过滤器内的物质约 15 秒钟。

4. 把过滤器内的物质冲洗、控干后，倒入纸盘内进行观察。如果你愿意，可以取一小部分样品品尝一下。记录观察结果。

分 析

1. 当你把醋倒入牛奶中轻轻搅动时，牛奶发生了什么变化？

2. 静止放置 10 分钟后，牛奶的质地发生了什么变化？

3. 过滤器内的牛奶混合物控干后质地如何？

4. 冲洗后，过滤器上的存留物质的味道如何？

实验中将会发生什么？

牛奶含有一种蛋白叫酪蛋白。醋是酸的一种，叫醋酸。当牛奶里的酪蛋白与醋酸混合，就会发生化学反应，使蛋白变成固体，这个过程叫作凝结。在牛奶中形成的块状物就是凝乳，反应后剩下的类似水的物质就是乳清。凝乳在与乳清分开后，就可以用来制作各种奶酪。和许多化学反应一样，如果牛奶是温的，酪蛋白的凝结速度就会更快。在放醋前，把牛奶加热至大约 50℃。倒入醋后，牛奶几乎会立即形成酪蛋白凝结物。

实验结果

1. 牛奶中开始形成小的块状物。
2. 牛奶出现白色的块状物（凝乳）与澄清的液体（乳清）分离的状态。
3. 固状物的质地有些许的弹性。
4. 固状物尝起来有些酸。

厨房中的酸

人们通常认为酸是一种能对人体造成严重灼伤并可以腐蚀金属的有毒化学物质。事实上，有些酸的确非常危险，但有些是没有危险的。我们经常能在食物和饮料中发现酸。正如我们在前面的实验中所发现的，醋也是一种酸。橙汁、柠檬汁和西红柿汁中都含有柠檬酸，酸奶里也包含乳酸。“酸”这个词来源于拉丁文“acidus”，意为“酸的”。在厨房里酸有着很多用途，例如被用来制作奶酪或腌渍食物以便保存。在“实验 9 腌渍肉和骨头”中，你将在准备食物的过程中发现酸的另一种重要用途。

实验 9 腌渍肉和骨头

题目

酸的腌渍汁如何影响肉和骨头？

简介

在烧烤前调制鸡片、肉片或鱼的一种最普通的方法就是先把它们浸泡在调料溶液中，如醋或酒。淹泡不仅可以给食物增味，而且还引起一些使食物的质地发生化学反应。在本次实验中，你将观察到被醋腌渍过一段时间的肉和骨头所发生的化学变化。

白醋覆盖“骨头”

图 1

实验时间

20 分钟准备，5 天时间来完成并观察

实验材料

- 小玻璃烤盘

- 1 个有盖的小玻璃罐
- 白醋
- 剔除肉后的鸡骨头
- 250 克生的去皮鸡胸脯肉
- 水槽
- 冰箱
- 干净的塑料袋
- 橡胶实验手套
- 2 把铁叉子
- 2 个带拉链的塑料袋
- 成人助手

安全提示

拿生鸡肉和鸡骨头的时候一定要戴上手套。做完实验后务必要用温水和洗涤液洗手,因为生鸡肉和鸡骨头中也许含有对人体有害的细菌。实验要在有责任心的成年人指导下进行。请仔细阅读并遵守本书“实验前必读”中的“安全准则”。

实验步骤

1. 把生鸡胸脯放在烤盘内,观察颜色。用 2 个叉子戳几次肉来检测其坚实程度和质地。试着用叉子将肉撕开。把观察结果记录在数据表中。把白醋倒入盘子内腌渍鸡胸脯肉。用干净的塑料袋盖住盘子,并把盘子置于冰箱中的安全位置,搁置 24 小时。

2. 戴上实验手套,把鸡骨头拿在手上,观察它的颜色和质地。试着弯一弯骨头来看它的强韧度。在数据表中记录你的观察结果,并把骨头放进玻璃罐内。罐内倒满白醋并盖好盖子。把罐子在安全的地方存放 24 小时。装骨头的罐子没有必要放进冰箱里。

3. 24 小时后,从冰箱中取出存放鸡胸脯肉的盘子,并揭下塑料袋,观察肉的颜色和质地。参照第一步中的方法用叉子戳肉，在数据表中记录观察结果。完成记录后，用叉子把鸡胸脯肉放入带拉链的塑料袋中扔掉，同时把剩下的醋也倒掉。用热的洗涤水冲洗盘子。

4. 把装有骨头的罐子拿来，戴上橡胶手套，小心地把骨头从罐中取出。仔细观察骨头并试着弯一弯骨头。在数据表中记录你的观察结果。把骨头放回罐内继续放置 24 小时。

5. 重复用第 4 步骤的方法来检测骨头，在数据表中记录确切的结果。在接下来的几天内继续重复同样的步骤，观察鸡骨头直到第五天。完成最终的观察后，把罐内的醋倒掉并用凉水冲洗罐子。把鸡骨头放进带拉链的塑料袋内扔掉，再用热的洗涤水洗净玻璃罐子。

数 据 表 1

	最初的观察结果	第 2 天的观察结果	第 3 天的观察结果	第 4 天的观察结果	第 5 天的观察结果
鸡胸脯肉					
鸡骨头					

分 析

1. 在放入白醋之前，鸡胸脯肉是什么样的？
2. 在放入白醋之前，鸡骨头给我们的感觉是什么样的？
3. 在白醋中浸泡 24 小时后，鸡胸脯肉发生了什么变化？
4. 5 天后，鸡骨头发生了什么变化？
5. 在做实验之前用酸溶液浸泡肉的目的是什么？

实验中将会发生什么？

当人们享用牛排、鸡肉或者烤猪肉时，他们食用的是动物的肌肉组织。这种组织是由几种蛋白构成的，质地非常坚韧。为了在烹饪前将这些肉软化，很多食谱都要求把肉腌渍在酒或醋溶液中。酒和醋这两种物质都是酸的一种。酸在蛋白质中引起的化学反应破坏了一些蛋白纤维，这也使得肉更容易切割和炖煮。

把肉切成片或块后更容易腌渍。对于密度比较大的肉，像牛肉和猪肉，要腌渍较长时间。鸡肉和大部分鱼肉的纤维容易断开，因此，这些肉要腌渍较短的时间，否则，肉的表层会得变干而且硬，感觉像是被烹饪过了一样。这就是本次实验中你看到的鸡肉所产生的现象。

骨头也是由蛋白构成的，只不过是它有一个比较坚硬的磷酸钙外层。磷酸钙使骨头很坚硬。当骨头被放入酸溶液中时，磷酸钙溶解了，只剩下了蛋白质。所以，骨头变得很有弹性，可以弯曲。

实验结果

1. 鸡肉变成粉红色，而且肉质很硬，很难用叉子撕开。

2. 鸡骨头很硬很难弯曲。

3. 24 小时后，鸡肉变成了白色，而且用叉子很容易撕开。

4. 5 天后，鸡骨头变得很有弹性而且很易弯曲。

5. 在烹饪前腌渍肉，使肉变得更柔软，但是腌渍时间过长会使肉变干，像是烹饪过了似的。

烹饪产生气体

当化学反应发生时，通常的结果就是原物质的形态会发生变化。在“实验 8 奶酪制作过程中的化学反应”中，你要用醋和牛奶这两种液体来做实验。把这两种液体混合后，它们反应生成了凝乳。在“实验 2 测量食物储存的能量”中，你点燃了一个药属葵。当它燃烧时，发生了化学变化，释放了大量的烟。烟中包含二氧化碳气体。在调制和烹饪食物的过程中都可能产生气体。在“实验 10 制造气体”中，你会看到几种常用的烹饪材料可以被用来制作气体。

实验 10　制造气体

题　目

厨房里的哪些常用物质混合后可以产生气体？

简　介

常见的物质的 3 种形态中，气态是最不容易被发现的。在大多数情况下，你通常既看不到它，也感受不到它，除非它在流动。但是当我们把气体充满到一个容器(比如说气球或袋子)里，或者混合到水中，会很容易被发现。如果你用一根吸管往一杯水或牛奶里吹气，你会看到气泡在液体中移动。在本次实验中，利用气体的这一特性，你将发现那些烹饪时的化学物质混合可以产生气体。

实验时间

45 分钟

实验材料

- 碳酸氢钠
- 发酵粉

- 白面粉
- 白醋
- 温水
- 茶匙
- 6 个大的干净塑料杯子
- 6 个小的塑料杯子
- 永久性标记笔
- 纸巾

安全提示

请仔细阅读并遵守本书“实验前必读”中的“安全准则”。

实验步骤

1. 用彩笔给 6 个大杯子做标签，内容如下：“醋和面粉”“水和面粉”“醋和碳酸氢钠”“水和碳酸氢钠”“醋和发酵粉”“水和发酵粉”。做完后应如图 1 所示，给 3 个小杯子标上“醋”，另外 3 个杯子标上“水”。

图 1

2. 向标有“水”的 2 个杯子中分别加入 2 茶匙的面粉。用纸巾擦干净茶匙，然后向标有“碳酸氢钠”的 2 个杯子中分别加入 2 茶匙的碳酸氢钠。再用纸巾擦干净茶匙，向标有“发酵粉”的 2 个杯子中分别加入 2 茶匙的发酵粉。

3. 用醋倒满 3 个标有“醋”的杯子，再用水倒满 3 个标有“水”的杯子。

4. 慢慢地将其中一个标有“水”的杯子里的水倒入标有“水和面粉”的大杯子内。等 1 分钟，发生反应后，记录你的观察结果。用同样的方法处理另外 2 杯水、碳酸氢钠和发酵粉。重复同样的步骤来处理 3 杯醋。记录每一种混合物的观察结果。

分　析

1. 当你把醋倒入碳酸氢钠中时发生了什么？与倒入醋后的发酵粉相比，结果如何？

2. 当你把水和碳酸氢钠混合后发生了什么？与把水加入到发酵粉中相比，结果如何？

3. 你如何知道混合物引起的化学反应产生了气体？

4. 3 种粉末和液体混合后，哪种没有发生化学反应？

实验中将会发生什么？

在本次实验中，你检测了 3 种不同的用来做烤面包和蛋糕的粉末。小苏打在化学上叫碳酸氢钠，它属于碱。碱的化学性质与酸是相反的。醋是一种酸。水既不属于酸也不属于碱，在化学上它是中性的。当酸与碱混合在一起时，它们发生反应后生成盐，而且会释放出气体。碳酸氢钠是一种既包含小苏打也包含酸的化学混合物，如酒石乳膏、磷酸盐，或者两者都有。当碳酸氢钠和水混合后，里面的酸和碱反应产生了二氧化碳气体。然而，当碳酸氢钠和酸（比如醋）混合时，几乎没有任何化学反应发生，因为溶液内的酸太多了。面粉在化学上属于中性，所以它不会与醋或水发生化学反应。

实验结果

1. 当醋被倒入碳酸氢钠中时，杯内立刻冒出气泡。当把醋倒入发酵粉中时几乎没有任何反应。

2. 当水与发酵粉混合时，反应非常缓慢，但是有气泡冒出。水与碳酸氢钠没有发生任何的化学反应。

3. 当混合物开始冒气泡时，可以说反应产生了气体。

4. 面粉与两种液体都不反应。

气泡、硬面包圈和啤酒

二氧化碳气体在人们每天食用的食物中扮演着重要的角色。汽水、啤酒，还有所有的香槟都是由于含有二氧化碳气体才能出现瓶内的气泡。瑞士奶酪中的空洞也是由二氧化碳产生的，这些二氧化碳是在切奶酪的过程中由细菌释放出来的。面包是二氧化碳在食物中产生气泡的最常见的一种食物。如果你观察一片面包，会发现面包上布满了小孔。酵母菌是面包面团中常见的一种微生物，正如你接下来会发现的那样，它在进食时会释放出二氧化碳气体。这些气体使面团膨胀，也使烘烤的面包上留下许多小孔。

你在前面的实验已经会发现，酵母菌和细菌不是使食物中产生二氧化碳的唯一途径。通常，发酵粉和碳酸氢钠也会被添加到蛋糕面糊中。这些化学物质在面糊里比酵母菌的功能更加快速有效，而且制作出来的面包里面的水分会更多一些。无论是通过酵母菌、细菌，还是化学混合物，产生的二氧化碳气体都能使食物更轻、更松软。

图 2 在烤面包时，通过酵母菌发酵产生的二氧化碳会在面包上产生很多小孔。在烘烤前，当大面团被塑型或长期放置时，面团内的空气被不规律地挤压出去，这就形成了小孔。

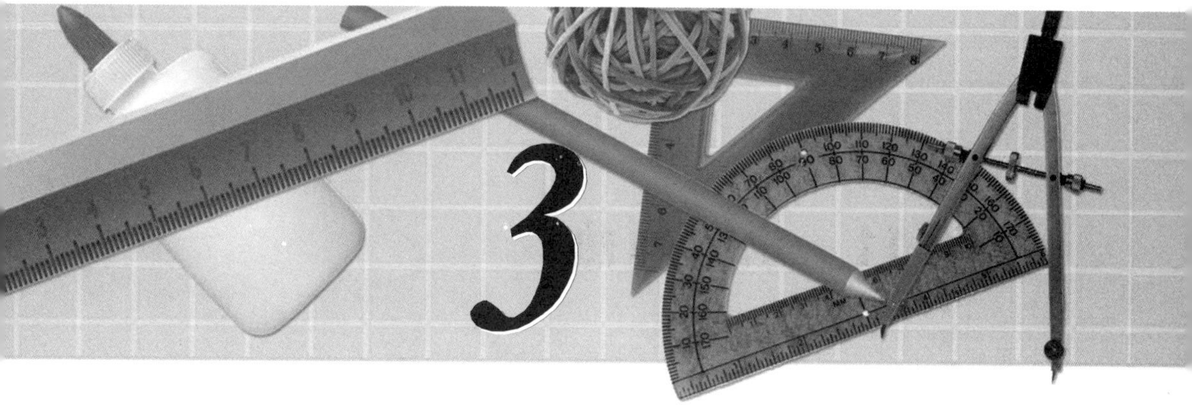

加热与冷却

准备食物的时候，最重要的环节之一就是加热。无论你要煎蛋、烤牛排还是烘蛋糕，如果不加热的话，那么你的食物肯定不能熟。但是当人们做冰淇淋的时候，他们一定会把热能移开，这样才能冷冻。尽管这听起来很简单，但是把热能从一个地方移到另一个地方却很复杂。在我们讨论热量以不同的方式对不同的食物产生影响之前，我们必须先了解一下热量的概念及其性能。

所有的物质都是由不断运动、来回震动的分子构成。运动越多，该物体所含有的热能就越多。我们通过量温度来测量该物质所含热量的多少。该物体中的分子运动越多，这个物体就越热。因为彼此之间的温差，你可以将热量看作是从一个物体传到另一个物体上的热能。

当你用茶壶烧水的时候，你就是在给水增加热量，增加水中的热能。水分子开始了更快地运动，水温也开始升高。最终，茶壶中的水获得更多的热能，水从液体变成了气体。但是，你要是做冰块的话，那就是相反的了。当你将水放进冰箱，就是把水中的热量移走，使水中已存在的能量降低。水温持续降低，直到损失的热能足以使其变为固体。

关于热量，最重要的规律之一就是它始终是从较热的一方传到较冷的一方。这个规律极为重要，被称为热力学的第二定律。当将两个温度不同的物体放在一起时，较热的一个将会变冷，而较冷的则会变热，直到两者的温度基本相同。如果你将一块冰握在手中，你的双手会觉得很凉，因为手中的热量传给了冰块。当你将一杯热茶或热咖啡捧在手中，茶杯上的热量就会传到你的手上。热量可以通过传导、对流或者辐射来转移。在“实验 11 水的加热”中，你将会测试这 3 种热量传导方法，看看其中哪一种对加热水杯中的水是最有效的。

实验 11　水的加热

题　目

用哪种热传递方式来加热水效果最好?

简　介

热力学的第二定律指出,热量是从一个较热的物体传到另一个较冷的物体的。热传递有 3 种方式。如果你将一根金属棒的一端放在火中,最后,整根棒子都会变得很热,你根本拿不住。热量从放在火中的棒子末端向上传递,这个过程被称为传导。热量传导通常在固体之间发生,这是分子快速振动彼此碰撞的结果。

测量杯子里水的温度

图 1

在液体和气体中,热量的主要传递方式被称为对流。在对流的过程中,热量以流动的方式传输。当流体变热时,它就会膨胀,密度减小。这就使该流体上升到热源之上。当流体上升之后,开始冷却,然后密度再次变大,这使它开始下沉。这样就形成了一个环形的热量流,这个过程叫作环形对流圈。

热辐射是第三种热量传递方式。通过辐射,热量通过带电的分子中快速震动的电子产生的波或能量脉冲的形式传递。如果你站在明亮的阳光下，阳光照射在你的身体上，被你的皮肤吸收，这就是热辐射，所以你会觉得暖和。

在这个实验中，你将测试出哪一种热传递方式对于加热一杯水是最有效的。

实验时间

45 分钟

实验材料

- 2 个耐热量杯(约为 500 毫升)或两个烧杯
- 玻璃烤盘
- 1 个金属平底锅
- 1 个大的玻璃碗或者微波炉专用塑料碗
- 实验室专用温度计
- 2 升罐的水
- 计时器或者带秒针的手表
- 标准的炉子或大的烤炉
- 炉子或热板
- 微波炉
- 烤箱炉手套
- 成人助手

安全提示

这项实验必须在负责任的成年人监护下进行。在实验中，你会用到各种装置来加热水，容器都是热的。拿烹任用具和锅时，会经常用到锅架或微波炉手套。请仔细阅读并遵守本书“实验前必读”中的“安全准则”。

实验步骤

1. 在实验开始前，将罐子装满2升的水，然后将其放在柜子或桌子上静置至少1小时，使其达到常温。将烤箱调到260℃进行至少10分钟的预热。

2. 用量杯向玻璃烤盘、玻璃碗（或塑料碗）、金属平底锅中倒2杯（约为500毫升）罐子中的水，使每一个容器中的水量基本相同。

3. 将温度计放在玻璃碗（或塑料碗）的水中，静置30秒。拿出温度计，将水温记录在数据表中"微波炉/起始温度"的标题下。把碗盖打开放进微波炉。把微波炉的温度调高，加热1分钟。让一个成年人用微波炉手套或锅架把碗从微波炉里端出来，然后再将水倒回量杯中。将温度计放在热水中静置30秒（如图1所示），然后把温度记在数据表中标题为"微波炉/加热后的温度"一栏中。记录温度之后，将量杯中的水处理掉。

4. 将温度计放进金属平底锅的水中，静置30秒。将温度计拿出来，把水温记在数据表中标题为"烤箱/起始温度"一栏中。把炉子燃烧器的热温度调高，然后将金属锅放在上面搁置1分钟。如果你使用的是电炉子或者热板，在将锅放上去之前，请先将加热器预热1分钟时间。让一个成年人用锅架将平底锅从炉子里拿出来，小心地将里面的热水倒进空的量杯。将温度计放进热水中，静置30秒，然后把水温记在数据表中标题为"微波炉/加热后的温度"一栏中。记录水温后，将量杯中的水处理掉。

5. 将温度计放进玻璃烤盘的水中，静置30秒。把温度计拿出来后，将水温记录在数据表中标题为"烤箱/起始温度"一栏中。当烤箱热了之后，将烤盘在炉子中间的支架上放置1分钟。1分钟以后，让一个成年人用微波炉手套或锅架将烤盘从炉子里拿出来，小心地将里面的热水倒进空的量杯。将温度计放进热水中，静置30秒，然后把水温记在数据表中标题为"微波炉/加热后的温度"一栏中。记录水温之后，将量杯中的水处理掉。

6. 用加热之后的水温减掉起始时的水温来计算每一次实验的水温差，并将所得信息记录在数据表中。

数据表 1

	结束温度	起始温度	温度变化
微波炉			
火　炉			
烤　箱			

分　析

1. 1 分钟之内，哪一种加热方法使水温出现了最大的温差？
2. 用来给水加热的 3 种方法，分别属于哪一种热传递方式？
3. 为什么用相同的时间给每一个装有同样水量的容器进行加热很重要？
4. 为什么在量取水温之前要将热水倒进量杯中？

实验中将会发生什么？

我们烹饪食物的方法通常决定了它的品相和味道。当你用平底锅煎蛋时，就是在用热传导的方式来做熟这个蛋。热量从平底锅传给蛋。这种方法热传递快，蛋熟得也快。用热传导的方式做出的食物熟度是不均匀的。因为热量必须先通过锅来传递，食物的外面先与锅接触，所以就先熟。这就是为什么在你用平底锅煎东西时，需要不停地翻动。当你烤面包或者是烤肉时，热传递的主要形式是热对流。热对流的过程比热传递慢。开始时，烤箱中的空气要被火苗或加热器加热。然后，热气流包裹着食物，食物由外而内变熟。当食物在烤箱中被烹饪的时候，热传递非常的均衡，所以不需要对其进行翻弄或旋转。

微波炉是用热辐射的原理对食物进行加热的。一种叫作磁电管的装置能够产生电磁波。当这些电磁波射到食物中的水分子或脂肪分子时，这些分子就开始快速来回震动。震动能够产生加热食物的摩擦力，使食物由内而外变熟。因为很多食物本身都含有水分子或脂肪分子，所以微波辐射是一种不错的烹饪方法。遗憾的是，若是水分子分布不均匀的话，微波炉也就不能对食物进行均匀地加热。除此之外，由于微波炉对食物进行由内而外的加热，食物表面的颜色不会因此变深。因为微波主要影响的是水分子，所以这种加热方法很适合用来融化冷冻食品或热炖菜和其他含有大量水分的食品。

实验结果

1. 炉子加热应该升温最快，其次是微波炉，然后是烤箱。

2. 炉子加热是热传导原理，烤箱加热是利用热对流，而微波炉使用的是热辐射。

3. 在可控实验中，保证所有的实验条件一致是很重要的。

4. 测量杯中的水温可以避免加热器对水温产生影响的可能性。

爆玉米花

如今，我们有成百上千种可以当零食吃的食物，包括薯条、调味酱、肉干等，而爆米花则是占据人们休闲时光最多的零食。考古学家的研究发现，大约在7 000年前土著美洲人就开始食用这种美味了。直到今天，爆米花仍然是备受人们喜爱的食物之一。爆米花是由你可以在玉米穗上吃到的甜玉米粒儿做的。它的与众不同之处就是有一个硬的、密不透气的外壳，里面含有淀粉和一点水分，这是至关重要的。当谷粒被加热时，里面的水分开始变成气体形成气压。气压最终达到了爆炸点，然后谷粒爆炸，成了一种蓬松的小白“花”，吃起来味道非常甜美。

美国土著人最开始制作爆米花用的是明火。很可惜，很多玉米粒都被烧着了。多年来，人们已经发现了更好的制作爆米花的方法，其中一种就是用平底锅，在锅底放少量的热油。这种方法利用的是热传导原理，但是仍然有很多玉米粒会被烧焦。热气式爆米花机使用的是热对流原理，是电影院里制作爆米花常用的方法。这种方法制作出来的爆米花数量很多，但是仍然有没炸开的玉米粒。毫无疑问，微波炉是制作爆米花最有效的方法。因为微波辐射可以由内而外地对谷粒进行加热，谷粒全部爆开，外表却没有烧焦。

吃熟食的好处

说到吃的方面，人类是整个动物王国中独一无二的。就像科学家们说的那

玉米粒能爆开是因为它与其他的谷粒不同，它有硬的、密不透气的外壳，里面含有密度较高的淀粉和水分。加热时，里面的水分变成气体产生气压，最后使玉米粒爆炸。

样，我们人类是唯一一种能有意识地烹饪食物的物种。其他动物也吃烹饪过的或处理过的食物，但是我们却把烹饪当作一种生活方式。吃熟食的好处远远多于吃生的食物。一方面，熟食吃起来更美味。不管是烤土豆、烤辣椒还是烤汉堡，人们都更喜欢熟食的味道。另外，烹饪能够杀死食物中的致病细菌。当我们谈到蔬菜的时候，烹饪还有另一个优势。在“实验 12 烹饪胡萝卜”中，你将会发现加热蔬菜发生的变化。

实验 12 烹饪胡萝卜

题目

蔬菜被烹饪之后发生了什么变化？

简介

烹饪食物成为一种普遍现象之前，人类与动物界中的其他生物一样，生吃每一样东西。有证据表明人们使用火已经有 1.5 万年的历史，但是却并不确定他们是否用火来做饭、取暖或是防御其他大型的肉食动物。有迹象表明，25 万年前人类就已经会烹饪了。已经发现的带灰烬的、烧焦的动物骨骼碎片，还有烧焦的种子都说明了人们在有意识地烧烤一些食物。第一次关于用水煮食物的记载可以追溯到大约 1.27 万年以前。在日本，人们已经开始用泥锅煮鱼、烧菜；如今，水煮食物已经是一种常见的烹饪技术。在本实验中，你将会看到当胡萝卜在水中煮过之后发生了什么现象。

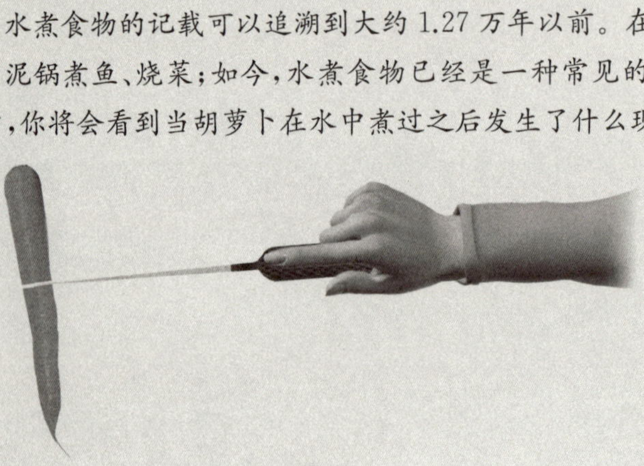

图一

实验时间

60 分钟

实验材料

- 容积为 2 升的带盖平底锅
- 1 个装满 2 杯水(约 500 毫升)的透明耐热烧杯或装满冷水的量杯
- 计时器或带秒针的手表
- 炉子或热板
- 锅架
- 6 根削皮的、干净的嫩胡萝卜
- 1 把锋利的菜刀
- 菜板
- 盘子
- 漏勺
- 成人助手

安全提示

本实验应该在有责任心的成年人的看护下进行。在实验过程中,你会用到一把锋利的厨刀来切胡萝卜,用炉子来煮胡萝卜。拿烹饪用具和锅时,会经常用到锅架或微波炉手套。实验前请仔细阅读并遵守“实验前必读”。

实验步骤

1. 把 1 根胡萝卜放在菜板上。将胡萝卜横切成两半(如图 1 所示)。拿起 1 块胡萝卜观察并品尝。体会一下它的口感怎么样,怎样嚼起来更容易一点,味道如何。将你的观察结果记录在数据表中。

2. 把剩下的胡萝卜放进锅里。在将水倒进锅里之前，仔细地观察水的颜色。使水淹没胡萝卜。盖上锅盖，让胡萝卜在水中静置15分钟。揭开锅盖，再次观察水的颜色。用漏勺将其中的1块胡萝卜捞出，重复步骤1，不要忘记将你的观察结果写进数据表中。

3. 将装有胡萝卜的锅放在炉子或热板上，将加热器或热板的温度调高，使水沸腾。一旦水开始沸腾，降低温度，让胡萝卜在水中炖30分钟。关闭加热器，用锅架将锅盖打开。小心，不要让从锅盖冒出的蒸汽灼伤自己。用漏勺将剩下的胡萝卜捞出。对其中的一块胡萝卜重复步骤1的操作。在品尝之前，先晾几分钟，避免烫伤嘴唇。小心地将锅中的水倒进烧杯或量杯中，仔细地观察它的变化。在数据表格中记录观察结果。

数 据 表 1

对生胡萝卜的描述	
对在冷水中浸泡15分钟的胡萝卜的描述	
对已做熟的胡萝卜的描述	

分 析

1. 胡萝卜在水中浸泡15分钟后，有什么变化？
2. 在水中煮过30分钟之后的胡萝卜有什么变化？
3. 煮过胡萝卜之后的水发生了什么变化？
4. 煮完胡萝卜后，揭开锅盖时，你闻到了什么气味儿？

实验中将会发生什么？

人们烹饪食物的原因有很多。烹饪可以使食物更容易咀嚼和消化，也可以加强食物的味道。当一些食物被加热的时候，它们发生了化学变化。比如胡萝卜、土豆和山芋这些蔬菜被加热之后变得更柔软，更易被消化。尽管胡萝卜可以生吃，但是土豆和山芋只有经过烹饪之后才能完全地被消化。

胡萝卜只有在被加热之后，一些半纤维素才能分解。这些纤维使生胡萝卜保持原状，所以当它们分解之后胡萝卜才会更柔软。这种分解会让胡萝卜更容易被消化，更具有营养。经过烹饪之后的胡萝卜吃起来更甜，因为其中的糖被释放出来，糖分变得更浓。

即使在煮过之后，胡萝卜也能保持它的颜色。胡萝卜的橘黄色是一种叫作胡萝卜素的天然色素。一些绿色蔬菜，比如西兰花，是从一种叫作叶绿素的天然色素中获得的颜色。胡萝卜素在水中不溶解，而且正常的烹饪温度对它不会产生任何影响。因此，煮过胡萝卜之后的水只变成了浅浅的橘黄色。然而，当西兰花在水中煮过很长时间之后，绿色变浅了，因为水将食物中的叶绿素除掉了。

实验结果

1. 当胡萝卜在冷水中浸泡 15 分钟之后，胡萝卜和水都没有发生明显的变化。
2. 胡萝卜在水中煮过之后，变得更柔软，更容易切断和咀嚼。胡萝卜的颜色有点变淡，但吃起来更甜。
3. 胡萝卜在水中煮过之后，水泛着淡淡的橘黄色。
4. 锅盖揭开之后，从锅中飘出一股甜味。

温度对食物的影响

正如我们在之前的实验中所见到的，烹饪涉及热能。食物被加热之后，通常会发生化学变化。有时，这种变化可能是剧烈而迅速的。以烤面包为例，如果你将一片面包放在烤炉中的时间稍微长一些，它就会由金褐色很快地变糊了。在其他情况下，这种变化可能是缓慢而稳定的。用传统的烤炉烤火鸡需要花费几个小时，但是这是值得的。这些控制变化速度的主要因素之一是烤箱的温度、烹饪时水或锅的温度。在“实验 13 烧热水泡茶”中，你将会通过实验来观察，在你泡茶的时候，水温对茶叶里可溶物质溶解度的影响。

图 2　泡茶是将茶包静置在水中，使其颜色和味道慢慢地渗到水中的过程。

实验 13　烧热水泡茶

题　目

水温是如何影响茶中可溶物质的溶解度的?

简　介

茶是一种很受欢迎的饮料,世界各国的人们基本上都喝茶。大部分一般品种的茶(包括红茶、白茶、绿茶和乌龙茶)都采自山茶树的树叶和花苞,这种山茶树的产地遍布东南亚。如今,茶树种植在全球各地气候温暖的环境中。历史学家们并不确定人们是从什么时候开始酿造茶品的,但是记载显示这一行业在中国古代已经存在,其具体时间可以追溯到2000年以前。泡茶的标准方法是将茶叶摘下来,然后在水中泡几分钟。水将茶叶的一种化合物溶解开,正是这种东西使茶具有了独特的味道。在本实验中,你将检测到水温的变化是否对上述的化学反应速度有什么影响。

实验时间

60分钟的准备时间,30分钟的实验时间

实验材料

- 3 个大的一次性热饮料杯
- 3 个大的一次性透明的塑料水杯
- 3 包一样的红茶
- 标签
- 1 张平整的白色复印纸
- 耐热的量杯和量筒
- 茶壶或者烧水的锅
- 食物
- 冰箱或者装满冰的冷却器
- 两个瓶子，每一个都装两杯水（约为 1/2 升）
- 计时器或者带秒针的手表
- 微波炉手套或者锅的支架
- 成人助手

安全提示

本实验应在负责任的成年人陪同下操作。拿铁壶时，应该用锅架或戴微波炉手套。实验前请仔细阅读并遵守"实验前必读"。

实验步骤

1. 在实验前 1 小时，将一瓶水放在冰箱或者有冰的制冷器中。将另一瓶水放在桌子上，直到其达到常温状态。在实验开始前 5 分钟，请将茶壶或平底锅装 2 杯水（约为 1/2 升），然后放在炉子或热板上加热，直到水沸腾。

2. 将 3 个热饮料杯分别贴上"冷""温"和"热"3 个标签。将 3 个塑料水杯也做同样的处理。每一个热饮料杯里放一个茶包，并确保顶端的标签在杯子的外面。

3. 把一杯（约为 250 毫升）冷水倒进贴有"冷"标签的杯子里。将茶包静置在水中 3 分钟，然后拿出。

4. 从桌子上的杯子里倒一杯水(250 毫升)到贴有“温”标签的杯子里。将茶包静置于水中 3 分钟，然后拿出。

5. 茶壶或平底锅中的水一开始沸腾就关掉加热器，将其静置大约 30 秒，然后用量杯倒一杯(约为 250 毫升)热水到贴有“热”标签的杯子里。注意倒热水时应使用锅架。将茶包静置于水中 3 分钟，然后取出。

6. 把用冷水泡制的茶倒进贴有“冷”标签的透明杯中；将另两杯茶也做同样的处理。把 3 个杯子并排放在桌子上，然后将平整的白纸放在杯子的后面，这样白纸看上去就像一个屏幕(如图 1 所示)。比较每个杯子中水的颜色。闻一闻 3 杯茶水，并且将它们的气味进行比较。把每一杯茶都抿一小口，并且比较它们的味道。将观察结果记录在数据表中。

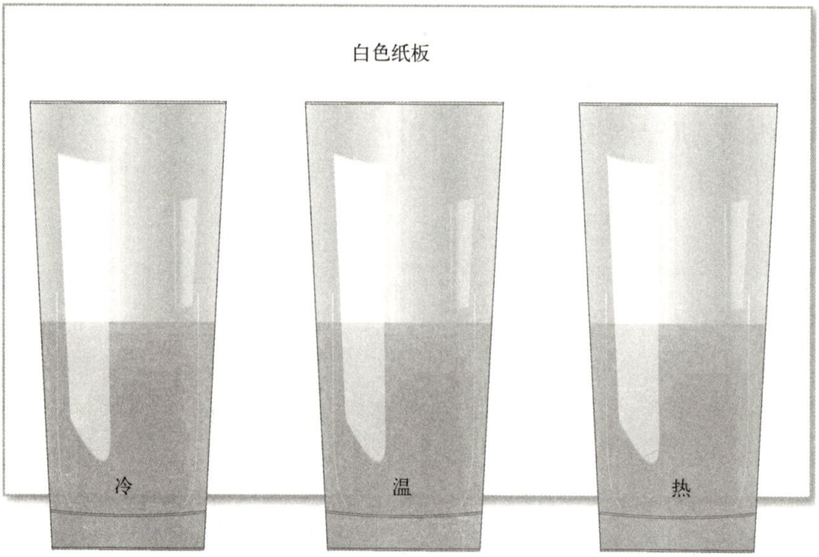

图 1

数 据 表 1

	颜　色	气　味	味　道
冷茶			
温茶			
热茶			

分　析

1. 哪一杯茶的颜色最深？
2. 哪一杯茶的气味最浓？
3. 哪一杯茶的味道最浓？
4. 根据你的观察数据，泡红茶什么水温最合适？

实验中将会发生什么？

当水温恰好低于正常的沸点100℃时，红茶跟咖啡一样，能最快沏好。这可以用分子运动理论来解释。构成物质的分子在不停地运动着。温度增高时，分子的运动速度也加快。当发生化学反应时，分子运动的加快也增加了分子之间的接触和碰撞。这一过程产生的热量可以破坏化学物质的结构，这意味着化学分子可以形成一种新的物质。泡茶时，水和茶叶中的植物碱基盐反应生成一种叫作丹宁的物质。茶的颜色以及稍微有点苦的味道都来自这种物质。某些茶品中含有味道微苦的咖啡因。如今，茶这个词也可以用来指那些非茶叶制成的饮料。药茶经常是由其他植物的叶子制成的。即使是传统的茶，根据茶叶处理的方式，也可以分成不同种类。红茶、绿茶和白茶都是由同一种植物的叶子制成的，但是处理的过程不一样。泡茶时，不同的时间、不同的水温可以使这些茶的味道有所不同。红茶应该泡3分钟，所用水的温度应该接近沸点——100℃左右。绿茶也应该泡3分钟左右，但是所用水的温度较低，大约为77℃。最清香可口的白茶应该泡2分钟左右，所用水温为66℃左右。

实验结果

1. 用热水泡的茶颜色最深。
2. 用热水泡的茶气味最浓。
3. 用热水泡的茶口感最好。
4. 泡红茶最适宜的水是恰好达到沸点的水。

温度可以改变物质状态。但这并不是说可以把一种物质从纽约转移到南达科他州，而是说将物质从固体、液体或气体变成另一种物理状态。在不同的温度下，物质将会从一种状态变成另一种状态。当纯净水加热到100℃时，它就会从液体变成气体。在0℃时，水就会凝固、结冰。结果显示，固态水（也可以称为冰）在同样的温度下也可以融化。融化和凝固都是物理变化的典型例子，两者是可逆的，它们也是烹饪中的重要过程。有时，物理变化也有可能伴随着化学变化。在“实验14 融化糖”中，你将要融化一些物质，然后判断该变化是否属于纯粹的物理变化。在实验过程中，你将会有所收获。

图2 在很多饮品中，添加冰块要比碎冰更受欢迎。因为冰块融化的时间更长，可以更长时间地保持饮品凉爽。

实验 14　融化糖

题　目

糖的融化属于物理变化还是化学变化?

简　介

融化和凝固都属于物理变化。物理变化是可逆的。一块冰可以通过加热融化,也可以通过冷却使它再次凝固。水可以改变它的形态,但是它终究是水。在化学变化中,化学分子会重新排列,从而形成新的化合物。化学变化是不可逆的。在本次实验中,你将会了解到糖的融化究竟是物理变化还是化学变化。

实验时间

45 分钟。

实验材料

- 1/4 杯白蔗糖(100 毫升)
- 小的深平底锅或煎锅
- 木勺

- 1片铝箔
- 清洁压舌板
- 木板或热板
- 成人助手

安全提示

本次实验要在负责任的成年人指导下进行。在实验过程中，你将会使糖融化。糖在液态形态下会非常热和黏，而且很容易烫伤你的皮肤。因此在用平底锅搅拌锅内物体时要戴手套。如果有条件的话，要在一个有排气扇的炉子上或通风较好的房间里给糖加热，因为在糖融化的过程中，它的混合物会释放出烟雾。实验前请认真阅读并遵守"实验前必读"。

实验步骤

1. 把糖倒入一个干燥的平底锅内，并把它放在炉子上或是热板上。把温度调至中档，每30秒钟用木勺搅动锅内的糖一次，防止糖烧焦。几分钟后，糖便会开始融化。

2. 继续搅拌锅内的糖直至完全融化。然后把火关掉。凑近锅上方，用手扇动空气，闻闻锅内糖的味道(如图1所示)。

3. 在糖冷却大约1分钟后，把压舌板放入糖中，会有一些糖粘在上面。一定要小心，因为糖会很热。把压舌板从糖中拿出，悬在锅的上方，因为压舌板上的液体还会滴入锅内。然后把压舌板放在一张薄铝箔上冷却10分钟。

4. 在压舌板上的糖全部冷却后，用舌头舔舔压舌板上的糖。比较一下它与新鲜的糖粒的味道。做完实验后，在平底锅内放入水，并把木勺一同放入浸泡10分钟。待其溶解，然后用日常的清洁剂和水清洗。

图 1

分 析

1. 糖开始融化的时候是什么颜色？
2. 融化了之后的糖味道如何？
3. 与新鲜的糖粒相比，压舌板上的糖粒味道怎样？
4. 通过你的观察，这是物理变化还是化学变化？

实验中将会发生什么？

像大多数的物质一样，在温度足够高时，蔗糖就会融化。不像冰，它的熔点是 0℃。可食用蔗糖的熔点会更高一些，通常大约是在 160℃。当糖开始变为液体时，同时也在进行着一个化学反应叫焦糖反应。因为在糖被加热时，糖粒里的一些水分子就会开始蒸发，这改变了糖的化学结构。当糖全部融化后，更多的水分蒸发掉，引发了一连串的反应。大概在 168℃ 的时候，糖液体开始改变颜色，先变成琥珀色，然后变成深金黄色。这个时候，普通的糖已经变成了焦糖。不仅是颜色变了，味道也会改变。除了纯粹的甜味以外，还会有一点烤坚果的香味，这也会使苹果糖和冰淇淋更加美味。融化蔗糖得到的焦糖和糖店里卖的焦糖不一样，那些焦糖制作的糖果是由糖、奶油、玉米糖浆和黄油制成的。

实验结果

1. 当糖开始融化时，它会变成琥珀色。
2. 融化了的糖闻起来有点像棉花糖。
3. 压舌板上的糖尝起来没有糖粒那么甜。
4. 糖的融化既是物理反应也是化学反应。

冷　却

在准备食物时，加热是处理食物的一种方法。有时你会想让一些食物变凉，如柠檬饮料、牛奶和水，凉的时候口感会更好些。做食物也一样，比如明胶和布丁。融化会改变食物，冷却也如此。在“实验 15 冷冻对食物质量的影响”中，你将会知道冷冻对各种各样的食物的影响，并得出哪些食物能经得起冷冻。

图 2　冷冻包装好的食物可能会降低它们的味道，因此制造商通常会多放盐和脂肪来保持消费者购买到的食品的味道不变。

实验 15　冷冻对食物质量的影响

题　目

冷冻食物会怎样影响食物质量？

简　介

冷冻是保存食物最好的方法之一。把食物冷冻起来，能够减慢使食物腐烂的细菌和真菌的生长。能够冷冻某些食物也使我们的生活方便了许多。现在，人们购买包装好的冷冻食物或点心，这些食物通过加热就可以直接使用，而不必像以前那样匆忙地准备一顿饭。如果你去冷冻食品商店看一看，会发现很多可以方便食用的冷冻食物，例如比萨、面条、玉米和胡萝卜。食物被冷冻，然后又解冻，在这个过程中会不会发生什么变化呢？在本次实验中，你将通过冷冻各种各样的食物去发现冷冻是如何使它们保持新鲜的。当品尝这些食物时，我们还能品尝到它们的美味。

面包

乳酪

西红柿

实验时间

用 20 分钟做准备，用 1 天的时间来冷冻，最后用 20 分钟的时间来观察

实验材料

- 12 个拉链式的三明治袋
- 新鲜的西红柿
- 1 片经过加工的美国奶酪
- 1 小块陈的切达奶酪
- 1 片腊肠
- 1 小根意大利辣香肠或小块风干肠
- 1 片白面包或小麦面包
- 厨刀
- 菜板
- 带盖的小塑料瓶
- 水
- 冷藏器
- 冰箱
- 水槽
- 纸巾
- 成人助手

安全提示

本次实验要在负责任的成年人的监督下进行。用刀切食物时一定要小心。实验前请仔细阅读并遵守“实验前必读”。

试验程序

1. 在做实验之前，用热水和肥皂彻底洗手。也要清洗西红柿，并用纸巾擦干。在干净的菜板上，将每一样食物样品切成两份。在切完每一样食物后，冲洗并擦干厨刀。把所有食物的一份装进一个塑料袋里，再把另一份装进另一个袋子里。一定要确定每一种食物的一份分别在一个袋子里。在封口前尽量将袋子里的空气挤出。把其中一组封好的袋子放进冰柜里冷冻并把其他的袋子放进冰箱冷藏。保持这种状态 24 小时。

2. 把塑料瓶装满水，并把瓶盖拧紧。把装满水的瓶子放进冰柜中食物的旁边，并在这种状态下持续存放 24 小时。

3. 24 小时过后，把食物从冰柜和冰箱中取出来放在桌子或柜台上。把冷冻的食物解冻半个小时。把冰柜里的水瓶拿出来仔细检查一下。把瓶子的情况记录在数据表中。

4. 把存放在冰箱里的食物从袋子里一一取出，摆放在纸巾上。仔细检查每一种食物。试着用手指去撕食物来检查它的纹理。如果你愿意的话，可以品尝每一种食物的味道。记录每种食物的观察结果，然后丢掉摆放在纸巾上的这些食物样品。

5. 在冷冻的食物解冻后，把食物从每一个袋子里取出摆放在纸巾上。按照第 4 步的方法来检查并在表格里记录观察结果。

数 据 表 1

冷藏后的食物样品的观察结果	
西红柿	
美国奶酪	
切达奶酪	
腊　肠	
意大利香辣肠	
面　包	

数 据 表 2

冷冻后水瓶的观察结果	

数 据 表 3

解冻后的食物样品的观察结果	
西红柿	
美国奶酪	
切达奶酪	
腊 肠	
意大利香辣肠	
面 包	

分 析

1. 水瓶从冷藏室取出时是什么状态?
2. 与放在冰箱的食物相比,在冰柜里储存的食物的纹理怎样?
3. 解冻后,哪种食物显示出最明显的不同?
4. 解冻后,哪种食物的变化最小?
5. 根据你的数据,什么是食物冷冻和解冻的关键因素?

实验中将会发生什么?

当食物冷冻时,里面的水分变成了冰。大多数的物质从液体变成固体时,它们的体积会缩小。体积减小,密度就会变大。水却与此完全相反。当水变成冰时,体积变大,密度变小。这就是为什么冰块会漂浮在水面上的原因。确切地说,水从液体变为固体,体积会增大 9%。因此,装满水的瓶子冷冻后会爆裂。同样的事情也会发生在食物的细胞中。当水的体积变大,就会破坏细胞壁。因此当食物解冻后,水分会很容易流失。由于水果和蔬菜中的水分比肉类多,它们比肉类更容易受到影响。意大利香辣肠是烘干的,水分含量很少,所以冷冻对它没什么影响。

20世纪以前，冷冻食品并不存在，那时冰柜和冰箱也还很少见。随着技术的进步，越来越多的人试着把冷冻作为储存食物的方法，也发现了这样做会破坏食物的细胞壁。在20世纪20年代初，人们开始尝试“快速冷冻”食物。这种技术所用的理念是使冷冻时间缩短，在水分子还没来得及增大就将其冷冻。1992年，发明家克拉伦斯发明了两种快速冷冻食物的方法。他的发明带来了食物工厂的革命，而他也被认为是“冷冻食品之父”。尽管他在1956年逝世，但他的公司(Birds Eye Foods公司)仍然是冷冻食品业的主要领导者。

实验结果

1. 水瓶里的水膨胀，瓶子爆裂。

2. 意大利香辣肠的例子表明，冷冻后的食物与新鲜的相比，没有那么脆和水分充足。

3. 西红柿、美国奶酪和面包的改变最大。

4. 意大利香辣肠变化最小。

5. 影响冷冻食品的主要因素是含水量的多少。

冷冻灼伤和易碎的冰淇淋

你是否吃过在冰柜里底部一直敞开的集装箱里的放了几个星期的冰淇淋？味道会不太对，而且最大的变化就是冰淇淋很易碎——并不是它因为本身就这样。当食物在冰箱里放了很长时间，一些水分子就会通过升华反应蒸发掉。它们直接由固体变成了气体。当冰淇淋发生这种情况时，它的密度会变大。冰的体积变大，破坏了光滑的奶油表层。

升华现象通常发生在没有正确存放在冰箱里的肉和鱼上。如果你看到过用铝箔或塑料袋包装后放在冰箱里冻好的肉，你可能会注意到表层上褪色的斑点，看起来好像是被做熟了似的。其实你所看到的叫冷冻灼伤。

食物表面的水分子蒸发掉了，导致了肉的有些部分脱水。双层包装食物或者放在一个不透气的容器里可以减轻冷冻灼伤。即使这样，这种方法也不能长期保护食物。最好的方法就是要定期检查冰箱里的食物，并在升华反应发生之前食用。

为冰淇淋欢呼呐喊

最受人们欢迎的冷冻食品之一就是冰淇淋。最近,冰淇淋生产厂成了在食品工业增长最迅速的一个领域。现代的技术已经使制造商们能够生产出各式各样奇异的冰淇淋和甜点。但是冰淇淋并不是那么容易得到,在电冰箱技术不太发达之前,人们不得不非常努力地制作冰淇淋。在“实验 16 降低水的凝固点”中,通过辛苦的努力,你将有机会制作出自己的美味冰淇淋。

实验 16　降低水的凝固点

题　目

怎样才能降低水的凝固点？

简　介

在现代冰箱出现之前，人们已经在享受各种冷冻冰果了，比如冰淇淋、冷冻乳蛋糕、果子露等。据历史学家说，早在 700 年前，马可波罗就在他的远东之旅中揭开了制作冰淇淋的秘密，并把它带回欧洲。第一个商业性质的冰淇淋工厂是 1670 年在巴黎建成的，比现代冰箱的发明早 150 年。在本次实验中，你会发现你能通过一些简单的化学物品组合改变冷冻的效果。

图 1　咖啡罐侧面切掉所见

实验时间

45 分钟

实验材料

- 带盖的空咖啡罐
- 可以放进咖啡罐里的带有密封盖的小塑料容器
- 实验温度计
- 牛奶
- 巧克力或草莓汁
- 大饮水杯
- 量杯
- 2 把茶匙
- 锤子
- 餐巾
- 大碗
- 1 大碗盐
- 20—30 块冰
- 冰箱
- 计时器或表
- 手套
- 助手

安全提示

当你摇晃咖啡罐的时候一定要戴手套。请仔细阅读并遵守本书“实验前必读”中的“安全准则”。

实验步骤

1. 用匙和糖浆调一杯巧克力牛奶或草莓牛奶汁。在小的塑料容器里倒一些牛奶并盖紧盖子。用餐巾包几块冰，并用锤子敲碎。继续粉碎冰块直至把碗填满。

2. 用碎冰把咖啡罐的底部填满，然后把小塑料容器放入咖啡罐的碎冰上。再用碎冰把咖啡罐的其余空间填满。把塑料容器周围的碎冰包起来。盖紧咖啡罐的盖子。把装满碎冰的大碗放入冰箱中，留着在其他的步骤使用。

3. 戴上手套，开始用力摇晃咖啡罐 10 分钟。如果你有朋友帮忙，可以轮换摇晃，这样你不会感到太累。10 分钟后，打开盖子，把温度计插入罐内的碎冰里停留 1 分钟，读出温度计上冰的温度。把塑料容器从咖啡罐中取出，打开盖子。观察牛奶混合物。

4. 盖上塑料容器的盖子，并放回咖啡罐中。像第 2 步那样把咖啡罐用碎冰填满。在盖盖子前，往咖啡罐里的冰里加入 250 毫升的盐。然后盖紧咖啡罐的盖子，重复第 3 步的做法，在你第二次观察完牛奶混合物后，就可以享受你的劳动成果了！

分　析

1. 第一次摇晃咖啡罐后，牛奶混合物发生了什么变化？
2. 第一步结束后，罐内冰水的温度是多少？
3. 在把盐加入到罐内的冰里摇晃后，牛奶混合物发生了什么？
4. 第 2 步结束后，罐内盐水的温度是多少？

实验中将会发生什么？

在燃气冰箱或电冰箱出现之前，人们使用物理冷冻箱来制作冰淇淋和其他的冰果。这种装置的内部有一个间隔，用来放需要冷冻的混合物；外层有一个间隔，用来放冰和盐。转动摇柄可以将内部间隔里的物体混合在一起。几分钟后，混合物将会被冷冻。当盐和冰混合时，使冰比正常融化点下降了好几度。这就是为什么会在冻冰的路上撒盐，这使冰开始融化，即使空气的温度比水的凝固点低。当你在做第 1 步时，把普通的冰放入咖啡罐中。无论摇动罐子多少次，罐子里的温度也不会低于罐内部容器里的牛奶混合物的凝固点，这是因为牛奶的凝固点温度和水的差不多。牛奶可能会变得非常凉，但却不会结冰，因为周围冰水的温度不会低于 0℃。一旦把盐加入冰中，咖啡罐里的温度就下降到牛奶的凝固点以下，所以它就开始变成固体。摇晃罐子的目的是使混合物运动，以便冷冻得更均匀。

实验结果

1. 除了变得更凉之外，牛奶混合物没有什么其他变化。
2. 冰水的温度应该是 0℃或者稍高一些。
3. 牛奶混合物应该开始结冰。
4. 盐水的温度应该低于 0℃。

宇航员冰淇淋和冷冻干食品

在结束加热和冷却这一章之前，我们必须来看一下人们发现的另一种保存食物的特殊方法，这种方法叫作冷冻真空干燥法，另一个名称是冻干法。正像名称所表示的那样，这种方法包括冷冻和脱水两部分。该方法首先是在 20 世纪 60

图 2 早期的宇航员冷冻干食品一般都很清淡。2006 年，美国食品频道厨师埃莫里·拉尔加斯为宇航员制作了在太空里可以食用的包装食品。有些宇航员要在国际太空空间站待很长时间，他们发现在那里他们的味觉开始下降，于是渴望吃到辣的或比较有味道的食物，比如拉尔加斯的什锦饭、大蒜绿豆、马铃薯泥和咸肉等。

年代由美国国家航空航天局的科学家们发明的。那时，他们正在寻找一种既能保存食物同时还能减轻重量的办法。要解决问题的关键是要把食物中的水分抽出，同时还不能破坏食物的结构和口感。当我们吃这些食物时只需要加水，就能快速地呈现出食物原本的模样。

冻干法依据的原理是升华反应——固体冰直接变成气体的过程。你可能想起了升华也会引起冷冻灼伤。当食物被冻干后，升华很快就发生。冷冻后的食物立即被放入一个真空的容器内，同时挤出容器里面的大部分空气。这时温度会升高，使得食物里的冰直接转换成气体，留下来的就是保存完好的食物。

尽管冻干食物最初是为了太空项目而研发的，但是在我们的生活中也能很好地利用。武装部队经常带着冻干食品去巡逻；徒步旅行者和野营者们也希望用这些食物来减轻随身携带物品的重量。很多种类的速溶咖啡也是冻干食品。宇航员冰淇淋是一种很美味的冻干食品。这种冰淇淋用金属箔片袋包装，看起来和吃起来跟真的冰淇淋一样，但却不是冰冷的。由于它是干的，在你品尝时舌头有轻微的刺痛感。我们即将开始下一章的学习，通过舌头来探索是什么因素决定控制着某些食物的味道和气味。

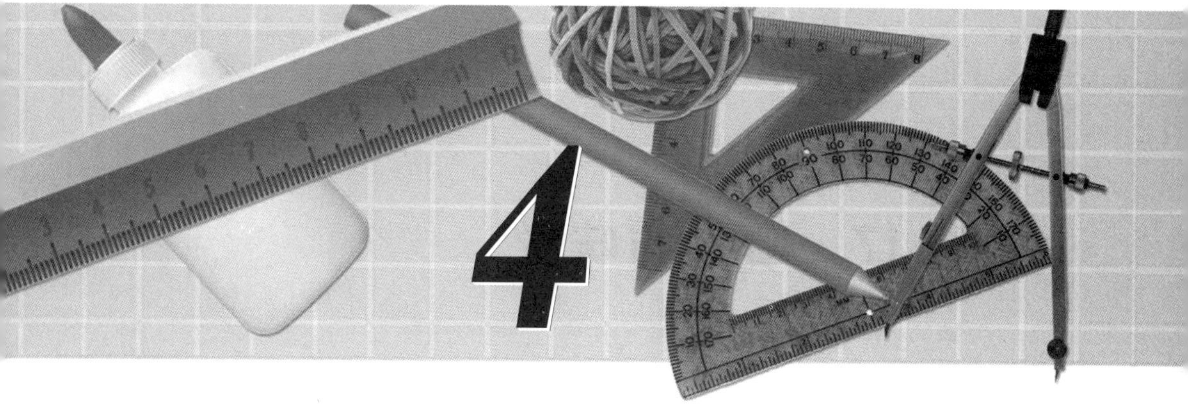

糖和调味料

你是否有过这样的经历，一种看起让人垂涎欲滴食物，品尝之后却让人大失所望。可能是蛋糕太过甜腻了，也可能是香肠的洋葱味或是蒜味太浓了。其实无论看起来多么美味的食物，一定要品尝时好吃才行。味觉、触觉、视觉、嗅觉和听觉是人的 5 种主要感觉，人依靠这 5 种感官来获得外界的所有信息。虽然看起来 5 种感官是独立工作的，但是实际上它们常常分工合作。

你也许会猜到，人的味觉集中在嘴部。人的嘴里有一种特殊的细胞，尤其是舌头上，这种特殊的细胞组织就是味蕾。舌头上大概会有 9 000 个味蕾。每个味蕾都含有一组体细胞，用来检测食物中的化学成分。检测之后，细胞就会给大脑发送信号进行评价。根据信号，大脑作出决定，是吞下食物还是将其吐出。因此，味蕾能防止我们吃到腐烂或有毒的食物。舌头是人类主要的味觉器官，但它不能独自工作。在“实验 17 嗅觉与味觉”中，你将会发现两者是如何合作来使你享受到最喜欢的食物的。

实验 17　嗅觉与味觉

题　目

味觉和嗅觉的关系是怎样的？

简　介

人们有 5 种基本味觉：除了甜、酸、苦、咸这 4 种味道，还有一种味道叫作鲜，这种味道决定食物是否可口，而且不属于其他任何一种味道。研究发现，每一个体细胞只能感受其中的一种味道。位于舌尖部位的味蕾对甜和咸比较敏感。舌头两侧的味蕾对酸比较敏感。舌根部的味蕾对苦味感觉最灵敏。因为许多有毒物质都有潜在的苦味，所以这些味蕾会作为最后一个警报系统防止人们将有毒物质吞下。除此之外，味蕾还有很多其他用途。由于人体内的新陈代谢，一批味蕾只存活几天就会由另外一批新生的味蕾所代替。然而，人体内的味蕾并不是独立工作的。在这个实验中，你将会发现大脑也会依赖鼻子来判断食物的味道。

实验时间

30 分钟准备时间和另外 30 分钟的试验时间

实验材料

- 刀
- 尺子
- 菜板
- 牙签
- 1 卷纸巾或薄铝片
- 纸盘
- 眼罩
- 为每次测试准备的 1 杯水
- 生土豆
- 苹果
- 梨
- 黄瓜
- 哈密瓜
- 2—3 位品尝测试者

安全提示

在做实验之前，一定要确保每一位测试者对你准备做实验所用的任何物品没有过敏反应。请仔细阅读并遵守本书“实验前必读”中的“安全准则”。

实验步骤

1. 在正式做实验之前，把每一样的食物样品切成 1 厘米的立方块。尽量去掉所有的种子和皮。为每位品尝测试者准备两块各种食物样品。在每块上插上牙签（如图）。用一张薄铝片或纸巾盖住排满样品的盘子，避免测试者看到。

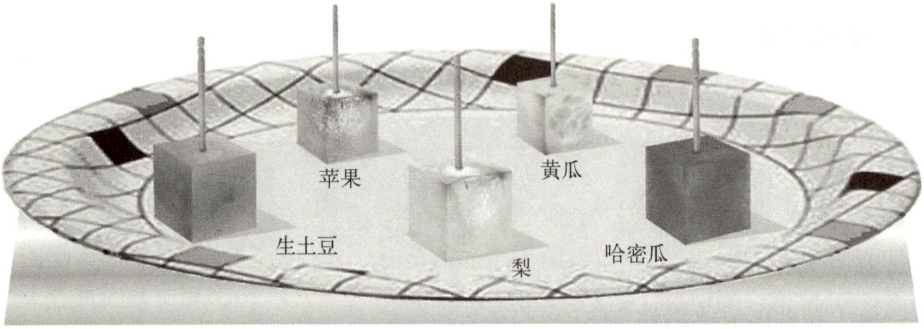

2. 在品尝之前，问问每位品尝者有没有什么过敏的食物，如果有，就不能够参加下面的实验。告诉品尝测试者他们将品尝一些水果和蔬菜，但不要让他们知道样品是什么。给他们戴上眼罩或让他们把眼睛闭上。先让他们捏住鼻子，每个人开始品尝第一个盘子里的食物，然后让他们判断品尝的样品是什么。不要告诉他们对错。把结果记录在数据表1中的实验1那一列。如果判断正确请记录"Y"，如果错误请记录"N"。让每个测试人在品尝一种样品后都要喝一小口水。重复这个过程，一次1块，直到把所有的样品都品尝完。

3. 做完第一个实验后，按照第2步中同样的步骤重复这个实验。这次人们品尝食物时不用捏住鼻子。提供食物的顺序要与第一次实验顺序不同。把测试结果写在实验2那一列中。比较两次试验的结果。

数 据 表 1

样品名称	土 豆		苹 果		黄 瓜		哈密瓜		梨	
	实验1	实验2	实验1	实验2	实验1	实验2	实验1	实验2	实验1	实验2

分 析

1. 是否有一些食物要比其他食物好判断？
2. 你的实验结果是否表明味觉也要依赖于嗅觉？
3. 每个人的测试结果都一样吗？

4. 人们感冒时会失去他们的味觉。你的实验是否解释了这个现象?

实验中将会发生什么?

人体内的味蕾并非独自工作。在人们判断食物的味道时,嗅觉也起到了重要的作用。在本次试验中所使用的清淡食物就充分地证明了这一点。嗅觉主要依赖鼻子中的特殊细胞,这些特殊细胞通常被叫作嗅觉感受器。人的鼻子里有2 000多万个嗅觉感受器,这样就能识别1万多种气味。吃东西时,气味通常要比味道先到达大脑。这样人们在吃东西之前就可以判断食物是否腐烂。实际上,食物的气味和口感一起打造了美味。当鼻子因故被堵住,或者感冒时,人的品尝能力就会下降。

实验结果

1. 有强烈味道的食物(如哈密瓜)通常要比清淡的食物(如生土豆)好判断。

2. 当测试者在品尝时可以用鼻子闻的时候,他们的准确率要高一些。

3. 尽管食物都相同,但由于每个人的嗅觉和味觉的判断能力不同,测试结果也不尽相同。

4. 感冒时,人们的嗅觉会受到影响,进而影响到味觉。

辣情似火

当不同的人品尝不同的食物,所产生的味觉和对味觉的忍耐力也不尽相同。例如,有些人对洋葱和大葱的味道情有独钟,但有些人却发现这些味道难以忍受。品尝辛辣食物时会出现最有趣的味觉差异。有些食物本身就辛辣无比,有些食物比如芥末,就不是特别辣。一提到辣,人们就会想到红辣椒。红辣椒可不是一般的辣椒。对于辣椒的辣度,有专门的度量单位,这就是斯氏指数,或者叫辣度级别。1912年,化学家威尔伯·斯科维利做了测量辣椒中热量的实验。辣椒的热量是从一种叫辣椒素的化学元素中得到的。辣椒素的含量越多,辣椒就会越辣,辣度级别就会越高。

通常人们食用的柿子椒是没有辣的感觉的,它的辣度在100左右。有一种新的墨西哥青辣椒吃起来很辣，但是大多数人都还能忍受，它的辣度在 1 500 左右。许多人都喜欢吃的墨西哥胡椒，它的辣度是在 3 000—6 000 之间。上面提到的辛辣无比的红辣椒的辣度则可以达到 5 000。如果你真的想体验体内燃烧的感觉，你可以去品尝萨维纳阿巴内罗红辣椒。这是辣度级别最高的红辣椒，辣度在 30 万左右。那么世界上到底哪种辣椒是最辣的？答案就是印度的断魂椒。经过测试，它的辣度大约为 100 万。

调味汁

有的人吃了辛辣无比的红辣椒不会有任何难受的反应，但大部分人却受不了这种辛辣的刺激。想体验辛辣食物对味觉的刺激，却又不想伤害自己的胃，所以人们发明了调味汁，希望能通过这种办法随时对食物的辣度进行调节，以满足自己对不同辣度的需求。这里给大家介绍的就是一种叫作塔巴斯哥辣酱油的调味汁。它是通过榨取发酵的塔巴斯哥辣椒，然后提取其香料和热量而制成的。如果你不想吃得太辣，那么可以少放几滴，但如果你真的能享受辛辣的刺激，你可以把整瓶都倒进去。辣椒不是人们提取香料的唯一植物。在“实验 18 如何从食物中提取香料”中，你将亲手尝试从两种常见的植物中提取你想要的纯正香料。

实验 18　如何从食物中提取香料

题　目

如何从食物中提取天然的香料?

简　介

我们每天吃的食物、喝的饮料都含有一些天然的化学物质，其实这些天然的化学物质可以从植物中提取。大部分的提取物都是从水果的果汁中提取的，如橙子、柠檬、苹果、红梅等。咖啡、香草和巧克力都是由植物的豆子制成的。人们也学着从植物的根部甚至树干来提取香料。绝大多数情况下，植物必须要经过加工才能提取香料。在本实验中，你将会通过两种方法从植物体中提取桂皮香料和姜，并了解如何把这些香料放入液体容器里。

实验时间

90 分钟

实验材料

- 125 毫升的量杯

- 250 毫升的量杯
- 500 毫升的量杯或烧杯
- 12 个纸杯来装热液体
- 彩笔
- 1 卷薄铝箔
- 手表或计时器
- 1 小片新鲜的生姜(在大多数的食杂店可以买到)
- 肉桂原料(在食杂店的香料架上可以买到)
- 锋利的厨刀
- 汤勺
- 菜板
- 带盖的平底锅
- 茶壶
- 1 杯水
- 茶匙
- 炉子或者加热板
- 水槽
- 成人助手

安全提示

本次实验要在负责任的成年人的指导下进行。在实验中,你要烧开水,并用锋利的厨刀把植物切成小段。请仔细阅读并遵守本书“实验前必读”中的“安全准则”。

实验步骤

1. 在做实验前,用彩笔在 12 个杯子贴好如下的标签:“煮姜 5 分钟”“煮姜 10 分钟”“煮姜 15 分钟”“煮肉桂 5 分钟”“煮肉桂 10 分钟”“煮肉桂 15 分钟”“泡姜 5 分钟”“泡姜 10 分钟”“泡姜 15 分钟”“泡肉桂 5 分钟”“泡肉桂 10 分钟”“泡肉桂 15 分钟”。把杯子放在如图 1 所示的格状台子上或桌子上。

图 1

2. 在平底锅内放入 1 杯(500 毫升)的水,然后放在炉子上或加热板上煮沸。闻一闻生姜。让一个成年人把生姜切成 1 厘米长的段。把切好的姜段放入装有 250 毫升水的量杯中,然后闻一闻它们。比较一下切好的生姜与没有切的生姜的味道。

当平底锅内的水开始沸腾时,在装有 125 毫升水的杯中放入切好的姜片。把剩余的生姜段放在一边。盖上平底锅的锅盖,并把火调小,让生姜慢炖 5 分钟。从锅内取出 125 毫升的量杯并在杯上标记好“煮姜 5 分钟”的字样。用 1 片铝箔盖住杯口。然后再盖好锅盖继续慢炖 5 分钟。重复同样的步骤,待锅内的姜煮过 10 分钟和 15 分钟后,把姜水放入正确的杯子内。当你装完第 3 杯姜水后,扔掉煮过的姜并清洗好平底锅。

3. 当平底锅内的水开始沸腾时,放入 125 毫克切好的姜片。把剩余的生姜段放在一边。盖上平底锅的锅盖,并把火调小,让生姜慢炖 5 分钟。从锅内取出 125 毫升的水,并在杯子上标上“煮姜 5 分钟”的字样。用 1 片铝箔盖住杯口。然后再盖好锅盖继续慢炖 5 分钟。

4. 在平底锅内放入一杯水(500 毫升),然后放在炉子上或加热板上煮沸。把 1 根肉桂分成两半。当锅内的水开始沸腾时,把两部分的肉桂全部倒入锅内,盖好盖子。重复第 3 步的方法来处理肉桂。

5. 把茶壶注满水放在炉子或加热板上加热直到沸腾。把剩下的生姜段放入一个 500 毫升的量杯中，水开后，在量杯内注入沸腾的热水，浸泡 5 分钟。把量杯中 125 毫升的水倒入标有“泡姜 5 分钟”的杯内，用铝箔盖好杯口。在姜分别浸泡 10 分钟和 15 分中后，重复同样的方法，但要确定把姜水倒入正确的杯子里。填满 3 个杯子后，处理剩下的浸泡过的姜片，用清水清洗量杯。

6. 重复第 5 步的方法来处理被切成两段的新鲜的肉桂。

7. 把所有杯子上的铝箔移开，准确比较每一杯中液体的颜色和味道。记录观测结果。使用茶匙品尝每一份样品。品尝完，用清水清洗茶匙并用清水漱口，冲洗舌头。比较每个杯子里的味道并写下你的观察记录。用你的观察结果来回答分析部分中的问题。

分　析

1. 在沸水中煮姜和肉桂的时间比较长的话，提取出的液体的颜色、气味和味道有什么变化和不同？

2. 在水中浸泡姜和肉桂的时间比较长的话，提取出的液体的颜色、气味和味道有什么变化和不同？

3. 煮和浸泡是否加重了味道？

实验中将会发生什么？

肉桂是由生长在亚洲的几种不同树种的树皮制成的，它们都属于樟树。通常将干的树皮碾碎成粉末。人们常常把这几种树皮放入热水中浸泡几分钟，然后就可以提取味道了。提取茶叶的味道也可如法炮制。在水中浸泡的时间越长，味道就会越浓。浸泡会产生一种芳香、清淡的味道。用热水煮肉桂要比用热水泡速度更快而且味道更浓。在蒸煮肉桂提取味道的同时，其他一些化学成分也会随之释放出来。所以液体的味道会有点苦而不是甜。

姜来自植物的根部，属于薑根，原产于亚洲东南部。姜可以生用，也可以放干或是埋在土里，它的味道也可以通过把姜放入水中浸泡提取。但是很明显，浸泡没有沸煮的效果好。煮沸时会释放出一种刺鼻的辣味，这样可以制作姜酒或姜茶。

实验结果

1. 样品在水中煮沸的时间越长，提取物的味道和气味越浓，颜色越重。

2. 样品在水中浸泡的时间越长，提取物的味道和气味越浓，颜色越重。

3. 煮沸的肉桂提取物有强烈的苦味。浸泡的肉桂会有一种清香的甜味。浸泡生姜只能提取少量的味道，然而通过煮沸，能提取大量的刺鼻的姜汁味道。

入口甘甜

有些人喜欢吃辛辣的食物，然而有些人喜欢吃甜食。很多水果和蔬菜本身就是甜的。糖是光合作用的主要产物，所以大部分植物中的氧气内都含有一定量的糖。近些年来，人们已经学会如何去除植物中的糖分或者如何加大糖的含量。糖是一种以多种形式存在的碳水化合物。大部分水果中的糖分来自果糖。普通的食用糖是蔗糖，很多植物中都可以提取出这种糖。很多糖制品的生产过程中都需要蔗糖，如饮料、糖果、蛋糕和谷类食品等。蔗糖的主要来源是甜菜。在“实验19 从甜菜中提取蔗糖”中，你将有机会发现糖的奥秘。

图2 甜菜是一种根部含有高浓度蔗糖成分的植物。欧盟、美国和俄罗斯是世界三大甜菜生产地区。甜菜糖的生产量占世界总糖产量的30%。

实验19　从甜菜中提取蔗糖

题　目

如何从甜菜中提取普通食糖？

简　介

蔗糖，又称普通食糖，是世界上最重要的食品之一。现在世界上销售的所有蔗糖中，一半以上是从一种芦苇科植物——甘蔗中提取的。这种植物适合生长在热带或亚热带气候地区。在印度，人们利用甘蔗来制作蔗糖的历史已经超过2 000年了。几百年来，生活在气候寒冷的地区的人们想要吃到蔗糖，唯一的办法就是从热带地区进口。然而，在18世纪中期，德国化学家安德烈亚斯·马格拉夫发现在甜菜中可以提取到和甘蔗中一样的蔗糖。50年来，甜菜糖开始在欧洲投入生产。在本次实验中，你将会从红甜菜中提取和收集蔗糖，红甜菜是和甜菜同属一科的植物。在实验中使用的提取方法与现在工厂里大量生产糖的方法是一样的。

实验时间

90分钟

实验材料

- 1 个 500 毫升的量杯或烧杯
- 2 个或 30 个新鲜的甜菜(没有泡过或腌过的)
- 锋利的厨刀
- 菜板
- 2 个带盖的平底锅
- 1 个平底锅
- 1 把大的木勺
- 茶匙
- 滤网
- 微波炉手套
- 2 个锅垫
- 马铃薯搅碎机
- 炉子或加热板
- 成人助手

安全提示

本次实验要在负责任的成年人帮助下进行。在实验中,你将会在炉子上加热,并使用到锋利的厨刀把甜菜切成片。一定要小心,不要把甜菜汁溅到衣服或地毯上,否则会留下永久的污渍。请仔细阅读并遵守本书"实验前必读"中的"安全准则"。

实验步骤

1. 在做实验前,切掉甜菜的顶部。把甜菜清洗干净,尤其是菜上的泥巴一定要洗净。在大平底锅内放入 2 烧杯的水(1 升),把锅放在炉子上,打开炉灶,加热到水沸腾。把甜菜切成薄片,直到切满一烧杯(500 毫升)为止。在把它们放入锅内之前，观察它的颜色和纹理。待锅内的水开始沸腾时，加入甜菜片，盖好锅盖。把火调到中档，让甜菜在锅内慢炖 30 分钟。

2. 甜菜炖好后，把平底锅从炉子上拿下来放在一个锅垫上。戴上微波炉手套将锅盖掀开，把甜菜捞出来，并用马铃薯搅碎器将甜菜搅碎。然后盖上锅盖，把捣碎的甜菜在热水中浸泡 10 分钟。慢慢地将锅内的甜菜水通过过滤器倒入另一个小平底锅内(见下图)。观察过滤器内甜菜泥的颜色和纹理，还有甜菜水的颜色。甜菜泥排水后，扔掉甜菜渣。把小平底锅放回炉子上用中火在不盖盖子的情况下，再加热 30 分钟。

3. 加热甜菜汁时，用木勺搅拌几分钟，以免甜菜粘到锅底。30 分钟后，关掉炉火，冷却 10 分钟。小心地将锅内的甜菜汁倒回量杯内。倾倒时注意观察甜菜汁的黏稠度。闻一闻量杯内甜菜汁的气味，并用干净的手指蘸一点品尝。

分 析

1. 甜菜被煮后，它的颜色和质地有什么变化？

2. 慢炖甜菜 30 分钟后，锅内的水有什么变化？

3. 去除甜菜，继续加热甜菜汁 30 分钟后，甜菜汁有什么变化？

4. 第 3 步结束后，当你把甜菜汁倒回量杯内，甜菜汁看起来是什么样的，味道如何？

实验中将会发生什么？

甘蔗一直是世界上首要的蔗糖原料，甜菜紧随其后排在第二位。甜菜和红甜菜很像，只是颜色上比较淡，看起来更像是土豆。与红甜菜相比，甜菜的细胞中也含有大量的蔗糖。甜菜从田地里收获之后，洗干净，去掉顶部。甜菜的顶部通常是奶牛等其他动物的美味。洗干净后，把甜菜切成甜菜丝。然后放入热水中捣碎。水会把细胞内的糖稀释出来。蔗糖成分被提取之后，人们通常把甜菜渣过滤出来，晒干后，用作动物的食物。带有糖的甜菜汁会被放入大型容器内再次加热。随着水分的蒸发，糖的浓度就会变大。过了一会儿之后，甜菜汁就会变成稠稠的、甜甜的糖蜜，这就是你本次实验的成果。糖蜜会被进一步净化，提取成糖粒，这就成了摆在货架上待售的糖。

实验结果

1. 甜菜被煮了之后，会变得越来越软。
2. 煮过甜菜的水变成了红色。
3. 甜菜汁继续在炉子上加热时，会变得非常黏稠。
4. 制作后的甜菜汁尝起来很甜，看起来像深红色的糖浆。

天然甜味剂与人工甜味剂

蔗糖能使食物和饮料变甜，但在此过程中却有一个问题：使食物变甜的蔗糖给我们的饮食带来了很多“空”卡路里。每克糖会含有 4 卡路里的热量。这听起来虽然不算很多，但是它们增加的速度却很快。一个标准的 355 毫升瓶装苏打水中含有 39 克蔗糖，这相当于 140 卡路里或是大概 9 茶匙的糖。如果你分析其他甜点和食物中的蔗糖含量，比如谷物和面包，你将会惊讶地发现你每天实际摄入的蔗糖含量其实很高。根据 2009 年美国心脏协会研究发现，美国青少年平均每天摄入 34 茶匙的蔗糖。

之前，我们讨论过食物中包括蔗糖在内的碳水化合物的重要性。当蔗糖不能被转换成能量时，它就被转化成了脂肪。这种转化可以导致人们体重的增加。为了帮助人们保持体重的平稳，化学家制成了很多种味道和蔗糖一样甜的人工甜味剂，这些甜味剂很甜，但却包含很少的卡路里。尽管味道很像，但是人工甜味剂给人体带来的影响却跟蔗糖所带来的影响大不相同。在“实验 20 测试人工甜味剂”中，你会对两种普通的人工甜味剂和蔗糖进行比较，看看它们是如何影响一个简单鲜活的有机体的。

实验 20　测试人工甜味剂

题　目

酵母菌在人工甜味剂里起到什么作用？

简　介

所有的生物都需要能量来生存。大多数的植物通过太阳吸收能量。人类和动物通过食用复杂的化学混合物来获取能量。酵母菌是一种简单的单细胞生物，可以从含糖的混合物中获得能量。随着酵母菌的存活和生长，它会不断释放二氧化碳。这就是为什么人们会拿酵母来做面包。许多面包的配方还需要糖浆、玉米浆，或是其他一些以糖为基本成分的混合物，所有这些原料都会作为酵母菌的食物。当酵母菌慢慢吞噬掉混合物中的蔗糖时，就会产生很多二氧化碳气泡，这些气泡在面团里不断聚集，使得面团体积不断变大。这就使面包变得非常松软。在最近几十年里，科学家们调配出很多种化学混合物，被称为人工甜味剂。它们的作用就是让食物甜美却又不含过多卡路里。在这个实验中，你将会测试出两种人工甜味剂对酵母菌生长的影响。

实验时间

60 分钟

实验材料

- 3 个干净、透明的 1 升装的塑料瓶
- 3 个 22 厘米或 30 厘米的乳胶气球
- 3 个大纸杯
- 3 个塑料茶匙
- 量杯
- 马克笔
- 胶带
- 温水
- 手表或计时器
- 漏斗
- 2 袋糖
- 2 袋天冬甜素(一样或类似牌子)
- 2 袋三氯蔗糖素(三氯蔗糖)
- 1 杯饮用水

安全提示

确保在测试甜味剂液体前将要用到的茶匙和纸杯是干净的。不要饮用酵母菌混合物。实验后,将酵母菌液体倒入厕所内。请仔细阅读并遵守本书“实验前必读”中的“安全准则”。

实验步骤

1. 用马克笔和胶带分别在 1 个塑料瓶和 1 个杯上做好标记,标记为“糖”。在第二个塑料瓶和杯子上标记为“天冬甜素”,在第三个瓶子和杯子上标记为“三氯蔗糖”。把标记好的瓶子和杯子放在桌子上。

2. 在每个杯子里注入 500 毫升的温水并分别放入一个干净的茶匙。把两袋

糖倒入标有“糖”的杯子内搅拌直到完全溶解。其他的两个杯子按照同样的步骤来操作，但要确定每一种甜味剂放入了正确的杯子内，并用不同的茶匙搅拌混合物。

3. 用茶匙尝一尝每一种甜味剂的溶剂。每尝完一种要记得漱口。比较每一种的甜度并把观察结果记录在数据表中。

4. 用漏斗把1袋干酵母粉倒入每一个塑料瓶内。之后用清水冲洗漏斗。再用漏斗把标有“糖”的杯子里的水倒入标有“糖”的塑料瓶内。把其中的一个气球像(图1)那样放在瓶口。轻轻晃动瓶子使水与酵母混合。注意不要把混合物晃入气球内。在以同样的方法处理剩下的两瓶水之前要记得清洗漏斗并晾干。把3个瓶子静止放置15分钟。观察瓶子。再放15分钟，再观察瓶子。在数据表中记录你的观察结果。

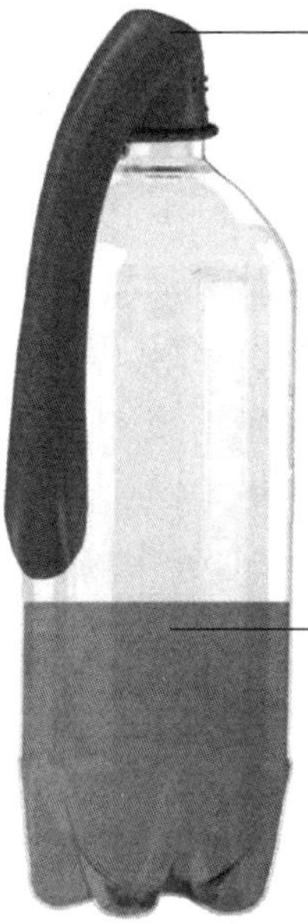

图1

分析

1. 3种甜味剂溶剂各有什么不同?

2. 30分钟后3个瓶内的混合物有什么变化?

3. 哪种溶剂使气球膨胀的最大? 哪种最小?

4. 根据你的观察，在做面包时，如果不用蔗糖或糖浆，而改用天冬甜素或三氯蔗糖，最后的结果会是什么样的?

数据表1

	蔗糖溶液	天冬甜味剂溶液	三氯蔗糖溶液
品尝实验			
发酵15分钟			
发酵30分钟			

实验中将会发生什么？

阿斯巴甜和三氯蔗糖都是代替蔗糖添加在饮料或甜点内的化学混合物。阿斯巴甜发现于1965年，它要比蔗糖甜200倍。三氯蔗糖是由蔗糖制成的，发现于1967年，它要比蔗糖甜600倍。在本次实验中，瓶内的酵母与糖溶液快速反应，产生了二氧化碳气体并泛起很多气泡。酵母与阿斯巴甜反应只产生了少量的气体。三氯蔗糖溶液产生的气体要比阿斯巴甜多很多，但产生的气泡却只有蔗糖溶液产生的一半。这就表明，尽管三氯蔗糖是由糖制成的，但是它们有着不同的化学结构，而且对生物的作用也不尽相同。

实验结果

1. 阿斯巴甜和三氯蔗糖尝起来都要比糖甜。

2. 蔗糖溶液瓶内的气泡最多，三氯蔗糖瓶内的气泡有蔗糖溶液的一半多，而阿斯巴甜溶液瓶内有很少量的气泡。

3. 蔗糖溶液瓶口上的气球膨胀的最大。阿斯巴甜溶液瓶口的气球膨胀了一点。

4. 用三氯蔗糖代替蔗糖放在面团里做出的面包要比用蔗糖做的甜，但没有蔗糖做的松软。用阿斯巴甜做出的面包也会很甜，但是也会很硬，因为面团没有发酵好。

地球上的盐

在厨师或者喜欢薯条的人看来，盐其实就是一种白色的晶莹颗粒，如果添加到食物里，就会产生鲜美的味道。然而，对于化学家来说，盐却有着十分特别的意义。盐是由酸和碱相互化学反应而形成的。盐有成百上千种，但是最常见的就是氯化钠，它的化学式是 $NaCl$。氯化钠通常被叫作食盐。人们用它来做食物调味品已有上万年的历史了。在实验21盐的反应中，你将看到盐与几种食物的反应。

实验 21　盐的反应

题　目

盐是如何影响不同食物的?

简　介

精制食盐,或者也叫氯化钠,是地球上最为常见的盐。不仅在海水中有大量的盐,在地下矿藏中盐的储量也是巨大的。盐在烹饪中有两种主要作用。其一,盐是调味品,多用于酱汁、炖菜、面包和肉类中。其二,盐还在食物的储存过程中发挥作用。早在冷藏室和电冰箱出现之前,人类就利用盐腌制肉类和其他食物来延长存储时间。因此,在你测验盐对于蔬菜的效应时,便能发现盐是非常好的一种防腐剂。

实验时间

45 分钟

实验材料

- 2 个大的一次性塑料盘子
- 装盐的调味瓶

- 锋利的厨刀
- 菜板
- 马克笔
- 新鲜的黄瓜
- 长莴笋的头部
- 大的生胡萝卜
- 1卷纸巾
- 手表或计时器
- 成人助手

安全提示

本次实验要在负责任的成年人指导下进行。在实验中你将使用锋利的厨刀把生蔬菜切成片。请仔细阅读并遵守本书"实验前必读"中的"安全准则"。

实验步骤

1. 把黄瓜和胡萝卜切成薄薄的圆片(例如,从蔬菜的中间部位切),每一片大约0.5厘米厚。用纸巾将薄片吸干水分,平摆在两个盘子内。扯下两片大的莴笋菜叶子分别放在两个盘子上。检查每个盘子内的蔬菜并观察它们的纹理和质地。摆放的方法如图1所示。

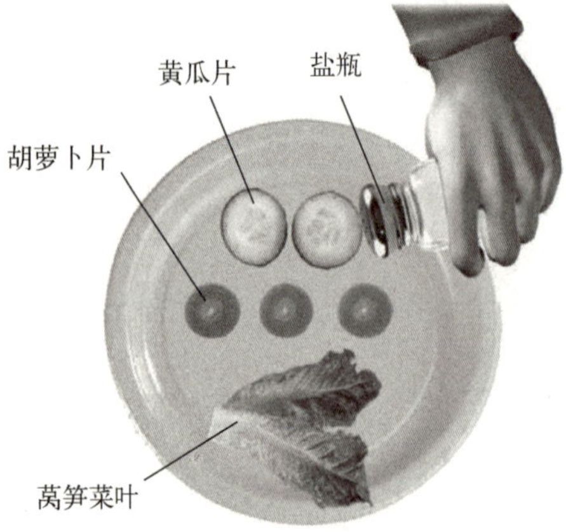

2. 用马克笔标记其中的一个盘子为"有盐",另一个为"无盐"。在标有"有盐"的盘子内的蔬菜片的两面撒上盐。

3. 把两个盘子放在避光处30分钟,然后观察蔬菜片的两面。注意观察它们的纹理和质地,并记录表面是否有湿气。

分　析

1. 30 分钟后，没有撒盐的蔬菜发生了什么变化？
2. 30 分钟后，撒盐的蔬菜发生了什么变化？
3. 盐是怎样影响食物中的水分的？
4. 盐对保存食物有什么帮助？

实验中将会发生什么？

普通的食盐有一些有趣的化学特性。其中一个非常重要的就是吸湿，也就是说可以吸收水分。很久以前人们就发现盐能够吸收空气和食物中的水分。水果和蔬菜的大部分都是水。盐使细胞内的水分流出，在盘子内形成了小水坑。由于细胞内的水分流出，植物会变得非常柔软。起初人们发现盐能够保存食物时并不确定，但是人们已经用这种方法至少 5000 年了。咸肉可以加快水分的流失，也能防止细菌或其他能使食物腐烂的生物的入侵。有趣的是盐不仅能够保存食物。在古埃及，人们想保存尸体，就会把尸体包裹在一种叫泡碱的物质里，而泡碱的大部分成分都是盐。

实验结果

1. 30 分钟后，没有撒盐的蔬菜变化非常小。
2. 30 分钟后，撒过盐的蔬菜变得很柔软，而且盘子内有多余的水分。
3. 盐使得食物内的水分流出。
4. 脱过水的食物可以抵制病原体的生存，这样食物就可以不被细菌污染，不会受到腐蚀。

小心使用糖和盐

糖和盐都能帮助我们改善食物的味道，但是过量使用其中的任何一种都会产生严重的健康问题。吃含糖的食物会增加额外的卡路里。任何卡路里都不会被立刻派上用场，而是先以脂肪的形式储存。很多国家的肥胖人群在增多，尤其是儿童。许多科学家认为，主要的原因在于人们摄入过量的糖。随着时间的流逝，肥胖人群患糖尿病的危险在增高。患有糖尿病的人很难控制他们体内的葡萄糖。调查后发现，糖尿病会导致病人失明，丧失循环能力直至死亡。

食用过多的盐也会给身体带来影响。建议每天盐的摄入量为 5 克，大约为 1 茶匙。在美国，每人每天的盐摄入量是标准的 5 倍。我们所吃的盐并不是全都来自盐的混合物。许多加工过的食物，如热狗、冷冻比萨还有罐装的汤，都含有大量的盐。食物中过量的盐会使体内存积大量的水。时间久了，就会导致高血压，也会增加患其他疾病的风险，比如心脏病、肾病和中风等。

更有趣的是，我们食用大量的糖和盐已成为我们的生活习惯。对于那些习惯了食用低糖和低盐食物的人来说，他们是不会怀念食物的浓重口味的。但对于那些习惯了吃很甜或很咸的食物的人来说，他们就会时刻怀念那些浓重的味道。有一种菜谱可以让人们远离疾病。这就是放下盐罐，藏起糖瓶，看看那些营养丰富的标签，多吃那些营养丰富的食物！

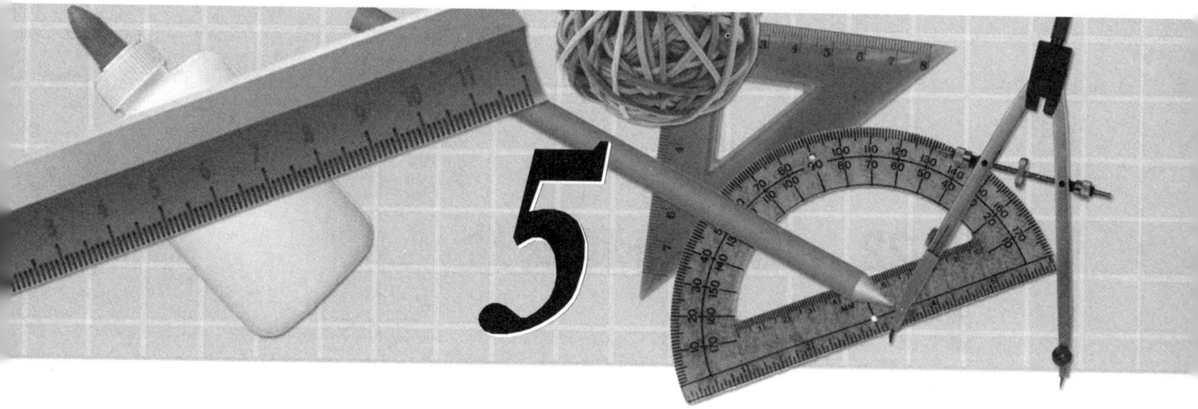

酱汁、羹和炖汤

液体在厨房中扮演着重要的角色。我们已经知道用水煮食物可以去除味道和糖分，也知道液体，比如醋可以带来一系列的化学反应。在本章，我们将主要研究日常饮食中液体的重要性。

溶液、溶剂和可溶性

水不仅是养分，在准备和烹饪食物的过程中也扮演着重要的角色。如果没有水，我们就不能做汤、炖菜，甚至泡一杯好茶。水在准备食物过程中至关重要的原因之一就是它是一种非常好的溶剂。溶剂就是一种能溶解另一种物质的物质（通常是液体）。被溶解的物质叫溶解物。如果你把一茶匙糖放入一杯水中搅拌，糖看起来似乎消失了。如果你品尝一下杯子里的水，会发现它是甜的，糖仍然在那里。但是糖的分子已经和水混合了。这样的糖水叫作溶液。在这个例子中，水是溶剂，糖是溶解物，两种混合就是溶液。在“实验 22 溶解糖和食盐”中，你会发现水温如何影响糖和盐晶体的溶解。

实验 22　溶解糖和食盐

题　目

水的温度是怎样影响糖和食盐的溶解度?

简　介

水一般被称为“万能溶剂”,因为它可以溶解包括糖和食盐在内的很多物质。当糖和食盐晶体在水中溶解后,就形成了溶液。如果水中的晶体全部消失不见,该溶液则被称为不饱和溶液。这就意味着溶液中的水可以溶化更多的糖和食盐。如果你不断地向水中加入糖和食盐,最终将一定会看到其中的糖和食盐都不再被溶解。多余的晶体开始沉淀在容器的底部而溶解到溶液里。当这一现象产生时,该溶液便是饱和溶液。通过本次实验,你可以了解到温度与水作为溶剂的性能的关系,以及食盐和水的溶解度是否相同。

实验时间

实验前 1 个小时的准备时间,完成实验需要 45 分钟时间

实验材料

- 6 个大的透明饮料瓶或者是 6 个体积为 1 升的烧杯

- 量杯
- 盛食盐的容器
- 盛颗粒状食盐的容器
- 水
- 汤匙
- 美纹纸胶带
- 2 个干净的、体积为 2 升的带盖苏打水瓶
- 冰箱或者是带冰块的制冷器
- 茶壶或者是大的煮锅
- 热板或者炉子
- 锅架或者微波炉手套
- 成人助手

安全提示

本实验需要在负责任的成年人监护下进行。在实验过程中，你会用到炉子来给水加热，当你把热水从一个容器导入另一个容器时，要记住使用炉架或微波炉手套。实验前请仔细阅读并遵守安全指南。

实验步骤

1. 实验前 1 小时，将两个瓶子灌满水然后加盖。将其中的 1 个瓶子放在盛满冰块的制冷器或者是冰箱中，将第二个瓶子放在可以避免阳光直射的柜子里以便使其达到常温。

2. 用美纹纸胶带和标签分别将这 6 个瓶子做如下标记："盐——冷""盐——温""盐——热""糖——冷""糖——温"和"糖——热"。将 6 个瓶子按照下图摆放在柜子或者是桌子上。将茶壶注满水，然后放在中火的炉子上或者热板上进行加热，直至水温低于沸点。

3. 将标记为"冷"的杯子中加入 1 杯 500 毫升的冰水。将标记为"温"的杯子加入 1 杯 500 毫升的常温水。将标记为"热"的杯子加入 1 杯 500 毫升茶壶中

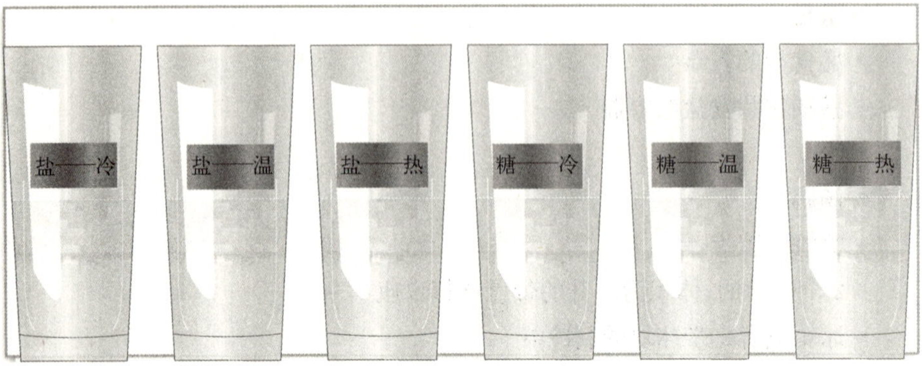

的水。

4. 舀一汤匙食盐。需要确定的是食盐的量一定要和汤匙的高度持平。把食盐倒进"盐——冷"的瓶子里，然后搅拌直至食盐晶体全部消失。加入第二汤匙食盐，再次搅拌。观察是否所有的食盐晶体都被溶解。不断地向杯子里加入食盐，直到可以看见食盐晶体沉淀在杯子的底部。这时，溶液是饱和的。在数据表中记录溶液饱和之前所加入被溶解食盐的汤匙数量。然后对装有热水和冷水的瓶子重复同样的步骤。在你已经向 3 个瓶子加完盐之后，在另 3 个瓶子中用糖重复操作整个步骤。

数 据 表 1

杯 子	溶解物的匙数
热盐水	
温盐水	
凉盐水	
热糖水	
温糖水	
凉糖水	

分 析

1. 哪一种温度的水能在溶液饱和之前溶解最多的食盐和糖？
2. 根据实验结果，说明水温与固体溶解度之间的关系。

3. 水温的变化对哪一种固体的溶解度影响最大？
4. 如果你将装有热水的玻璃杯放进冰箱中，溶液中的糖会发生什么变化？

实验中将会发生什么？

随着水温升高，水可以溶解更多的固体物质。热水可以比凉水溶解更多的食盐和糖，这是因为水里的热能有助于破解晶体的结合力。尽管食盐和糖在热水中具有较强的可溶性，但是二者的可溶性却并不相同。水温对糖的溶解起到的作用很大，但是对食盐的溶解度却影响很小。溶解性的不同与聚集晶体的键能的强度和分子的排列方式有关。如果将含有食盐和糖的饱和溶液冷却，固体颗粒会在沉淀过程中从溶液中显现出来。如果冷却过程比较慢，水分将会蒸发掉，糖就可能形成大颗粒的晶体：冰糖。

实验结果

1. 热水可以最大限度地溶解食盐和糖。
2. 水温越高，水溶解固体物质的能力就越强。
3. 水温的变化对糖溶解度的影响大于对食盐溶解度的影响。
4. 当水冷却后，有一些糖从溶液中显现出来，沉淀在杯子的底部。

溶液和悬浮液

不是每一种液体的混合物都叫作溶液。真正的溶液是不能分离的。之前做的盐水和糖水的实验都是溶液的实例。在一种溶液里，一旦掺进了不同的成分，除非温度改变、水汽蒸发或是发生沉淀，否则它们会一直保持混合的状态。平时我们在厨房所制作的大多数液体不能被称作溶液，而是悬浮液。在“实验 23 溶液与悬浮液”中，你将会制作两种混合液体，通过它们比较溶液和悬浮液的特征。

实验 23　溶液与悬浮液

题　目

怎样区分溶液和悬浮液？

简　介

溶液和悬浮液是两种类型的均匀混合物。均匀混合物是不论你在什么地方取样本成分都相同的液体。一杯不含糖的茶是均匀混合物最好的例子。从喝第一口到最后一口，味道始终是一样的；整杯茶的浓度也始终是一样的。一杯茶也可以被当作溶液的例子。在一种溶液中，所有的成分都是以完全一样的状态存在的，不可以机械地（比如说使用过滤器）将一种成分与另一种成分区分开。当茶刚刚泡好时，热水溶解了茶叶中的一些物质，它们与水完全混合在一起。如果你把茶水倒进过滤器中，茶水将从过滤器中直接通过。

悬浮液也是一种均匀混合物，但是它的成分是以各自独立的状态存在的。悬浮液的一个典型例子就是泥水。泥是由细微的固体颗粒组成的，它们很小以至于能够悬浮在水中。因为悬浮液是由两种不同状态的物质构成的，因此一些机械的手段就可以将它分离开来。如果你将泥水倒进一个精致的过滤器中，水会流出来，而很多的固体颗粒会留在过滤器上。在这项实验中，你将通过比较两种普通的液体来理解溶液和悬浮液一些其他的区别。

实验时间

45 分钟

实验材料

- 2 个大的透明玻璃杯子
- 量杯
- 盛脱脂牛奶的容器
- 盛巧克力粉末纤维的容器
- 盛 Kool-Aid(卡夫公司出品的译名为“酷爱”的饮料)或者是盛类似的饮料粉的容器
- 水
- 2 个咖啡过滤器
- 小型的过滤器
- 小的搅拌盆
- 2 个汤匙
- 计时器或者手表
- 手电筒

安全提示

请仔细阅读并遵守本书“实验前必读”中的“安全准则”。

实验步骤

1. 用量杯向一个玻璃杯倒入 1 杯水(大约 500 毫升),向另一个杯子倒入 1 杯脱脂牛奶(大约 500 毫升)。手电筒打开并将其靠在装水的杯子上(如图 1 所示)。当光束穿过杯子时,在玻璃杯的一侧仔细观察手电筒光束。然后对装牛奶

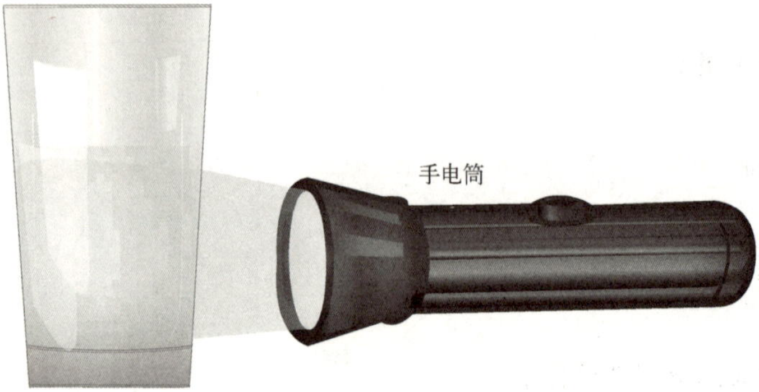

图 1

的杯子重复操作同样的步骤。

2. 在装有牛奶的玻璃杯子里放 1 汤匙的巧克力粉末。持续用力搅拌 30 秒，然后，将这个装有巧克力牛奶的杯子静置 10 分钟。向装水的玻璃杯子里放 1 汤匙的 Kool-Aid 纤维粉，然后重复操作与刚才相同的步骤。

3. 10 分钟过后，打开手电筒，将其靠在装 Kool-Aid 的玻璃杯上。当光速穿过玻璃杯的时候，从另一侧仔细观察，并对装有巧克力牛奶的杯子重复操作同样的步骤。

4. 在过滤器中放一个咖啡过滤器，然后将过滤器放进碗里（如图 2 所示）。将 Kool-aid 倒进过滤器中过滤 5 分钟。然后将过滤器移走，并将残余的液体倒掉。然后，仔细观察过滤器的内部。

图 2

分　析

1. 当光束穿过装水和纯牛奶的瓶子时，光束呈什么样子？当你用装 Kool-Aid 和牛奶巧克力的杯子再试一次的时候，光束会发生什么样的变化？

2. 哪一种液体过滤得快，是巧克力牛奶还是 Kool-Aid？

3. 当你按照步骤 3 将液体倒掉之后，过滤完巧克力牛奶和 Kool-Aid 溶液的过滤器是什么样的？

4. 哪一种混合物是悬浮液，哪一种是溶液？

实验中将会发生什么？

在这个实验中，巧克力牛奶是悬浮液，Kool-Aid 是溶液。当你把手电筒放在装 Kool-Aid 的杯子外的时候，光束直接穿过，没有被阻碍或者被分散。当过滤 Kool-Aid 溶液时，它能迅速地通过过滤器，而且没有被分离。当你把手电筒的光束穿过巧克力牛奶的时候，光束被阻挡了，而且也被漂浮在牛奶中的巧克力颗粒分散了。巧克力牛奶倒进过滤器时，过滤器很快就被巧克力的颗粒堵住了。你会看见有一层颜色较深的巧克力开始沉淀在玻璃杯的底部。

实验结果

1. 手电筒的光束可以直接穿过水和纯牛奶。光束也可以穿过 Kool-Aid 溶液，但是却被巧克力牛奶分散了。

2. Kool-Aid 溶液经过过滤器的速度比巧克力牛奶经过过滤器的速度要快。

3. 过滤完巧克力牛奶的过滤器是棕色的，而过滤完 Kool-Aid 溶液的过滤器是干净的。

4. 巧克力牛奶是悬浮液，而 Kool-Aid 是溶液。

混合液

悬浮液并不总是固体和液体的混合物。你也可以将两种液体混合在一起。

橙汁可以和牛奶混合在一起做成美味的鲜果露。只有拥有相同化学性质的两种液体才可以混合在一起。橙汁和牛奶都具有水溶性，所以它们能够自然而然地混合在一起。将两种具有不同的化学结构的液体混合在一起会产生一些有趣的现象。在“实验 24 混合油和醋”中，你将会把一些传统的意式色拉调料混合在一起。在整个实验过程中，你会观察到两种具有不同化学性质的液体混合在一起会产生什么现象。

图 3　油不具有水溶性。俗语中的“水油交融”指的是两种性质截然相反的东西混合在一起。

实验 24　混合油和醋

题　目

怎样才能将油和醋混合到一起?

简　介

把意式色拉调料调入普通色拉里味道会更鲜美,但意式色拉调料怎样制作的确是问题所在。它的两种主要的调料是油和醋,再加一些别的作料来调味。当你试图把油和醋混合到一起时,问题就出现了。因为油是无极性化合物,而醋是极性化合物。化学中的一般原则是极性化合物和非极性化合物不能保持混合状态,除非借助于其他化学物质的帮助。这里所涉及的第三种化学物质被称为乳化剂。在本实验中,你要快速地做好一种特殊的沙拉,并且在这个过程中你将创造出一种每家冰箱里常见的乳化剂。

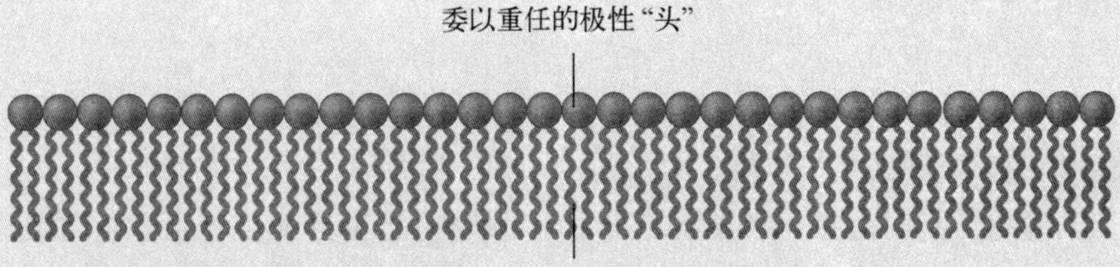

图 1

实验时间

45 分钟

实验材料

- 食用油
- 醋
- 生蛋
- 深的小搅拌器
- 搅打器
- 透明的玻璃杯或者是塑料的量杯
- 计时器或者手表
- 成人助手

安全提示

处理生蛋的过程可能会传播细菌。在完成实验时，用热的肥皂水洗净双手和所有台面。实验结束后扔掉桌布。做好的调味品不要吃。请仔细阅读并遵守本书“实验前必读”中的“安全准则”。

实验步骤

1. 用量杯向碗里倒大约 1/4 杯(125 毫升)的醋和 1/4 杯(125 毫升)食用油。两者混合时，观察食用油发生了什么变化。

2. 用搅打器用力将油和醋的混合物持续地搅打 1 分钟。可以和你的助手轮流搅打，这样你就不会觉得太累。停止搅拌后，仔细观察混合物发生了什么变化。

3. 将混合物再倒回量杯中，静置 3 分钟。然后仔细观察混合物发生了什么变化。

4. 将量杯中的混合物再次倒回碗中，将鸡蛋在碗边磕破，然后加到油和醋的混合物中。然后重复步骤2—3，并记录加入蛋后的混合物的反应。

分 析

1. 当你初次将油和醋混合到一起的时候产生了什么现象？
2. 当你初次搅打混合物的时候，混合物看起来发生了什么变化？
3. 静置在量杯中的纯油和牛奶发生了什么变化？
4. 在你搅打之后，油、醋和鸡蛋的混合物发生了什么变化？
5. 静置3分钟之后，油、醋和鸡蛋的混合物又发生了什么变化？

实验中将会发生什么？

每一个做过意式色拉调料的人都知道，无论你多么努力地摇晃，油和醋都不能被混合到一起。最终，油滴之间相互吸引形成了一滩油。这是因为油的密度要低于醋的密度，所以它漂浮在混合物的上面。如果油和醋能变成乳化剂，那么就可以将它们混合在一起。乳化剂也是一种悬浮液。悬浮液是指一种物质的小滴(本例中的油)被分散或悬浮在另一种物质(本例中的醋)中。这一步骤是借助乳化剂完成的。在本实验中，蛋黄就起到了乳化剂的作用。蛋黄的成分中包含50％的水、16％的蛋白质和33％的脂肪。其中的大多数脂肪都属于一种叫作磷脂的化学物质。磷脂分子的形状是不规则的。它们都有一个极性“头”和非极性“尾”(如图1所示)。非极性“尾”能将磷脂分子围绕非极性油滴排列好。极性头能够吸引同样具有极性的醋分子，而且能够保持混合的状态。你也许会想到，醋、油和蛋的混合物的确有一个特殊的名字——蛋黄酱，其实它本身就是一种乳化剂。

实验结果

1. 两种液体被分离开来。
2. 将两种液体混合在一起能够产生一种黄色的液体。
3. 静置在量杯中的油和醋两种液体开始分离。

4. 加过生蛋之后的混合物带有橙汁的颜色，上面漂浮着一点泡沫。

5. 静置 3 分钟之后，加过蛋的混合物仍然没有分离。

黏 度

液体有一个特性，能够影响调味汁、汤和炖菜的味道。这就是我们所说的黏度。黏度是指液体流动的速度。浓的炖汤或者是杂烩很稠，流动的速度很慢。清汤或者煨汤不是很浓稠。很多时候，厨师都会添加一种增稠剂来改变液体的黏稠度。他们常常在肉汤里加入玉米淀粉或面粉卤来增加黏稠度。在“实验 25 降低黏度”中，你将会发现在厨房里有不止一种方法可以用来改变液体的黏稠度。

图 2　面粉是可以添加在汤里的众多调料之一，可以增稠。

实验 25　降低黏度

题　目

温度对于不同液体的黏稠度有什么影响?

简　介

黏度用来衡量液体流动时所受到阻力。黏度很高的液体,比如糖蜜、蜂蜜、番茄酱等,它们的黏度极高,流动的速度极其缓慢。然而,水的浓度非常低,极易流动。在本实验中,你将会发现温度在改变液体的黏度方面所起到的作用。

实验时间

45 分钟

实验材料

- 6 个 180 毫升的一次性塑料杯
- 3 个大碗
- 量杯
- 1 瓶卡罗(Karo)或者是类似品牌的低浓度玉米糖浆

- 汤匙
- 冰块
- 热水
- 计时器和手表

安全提示

请仔细阅读并遵守本书"实验前必读"中的"安全准则"。

实验步骤

1. 将 6 个杯子贴上下列标识："冷水""冷玉米糖浆""常温水""常温玉米糖浆""热水""热玉米糖浆"。

2. 用量杯向3个标有水的塑料杯子中倒入1/4杯(约为125毫升)水。再向其他3个塑料杯子中倒入1/4杯(约为125毫升)玉米糖浆。将标有“冷水”的装有水和玉米糖浆的杯子放进其中一个大碗里。将冰块摆在杯子的周围,然后将碗中倒满冷水。将标有“常温水”的装有水和玉米糖浆的杯子放进第二个大碗里,然后将碗中倒满热水(这里不用开水)。

3. 注意一定不能让水流入杯子里。将其他几个杯子摆放在桌子上。将所有的杯子静置10分钟。

4. 当将液体从一直放在桌子上的两个标有常温的杯子中倒出来时,请记录将水和玉米糖浆倒进空碗里用了多少秒的时间。将所需的时间填入表中,然后用同样的实验步骤处理一直放在冰块之间和热水里的杯子中的液体。

数据表1

溶液名称	倒入时所需时间(秒)
冷　水	
常温水	
热　水	
冷玉米糖浆	
常温玉米糖浆	
热玉米糖浆	

分　析

1. 温度对倒出水所用的时间有什么影响?
2. 温度对倒出玉米糖浆所用的时间有什么影响?
3. 怎么将冷玉米糖浆的黏度和温的玉米糖浆的黏度进行对比?
4. 如果你将蜂蜜或者糖蜜放在冰箱里,会遇到什么问题?

实验中将会发生什么?

黏度可以被看作是当液体流动时的内部摩擦力。像玉米糖浆和肉汁一类的液体黏度是非常高的;而牛奶或者是苏打水一类的液体的黏稠度就不是那么高。

温度改变会不同程度地影响液体的黏度。正如你通过上面实验所发现的那样，温度的改变对水本身的黏稠度并没有任何影响。无论是热还是凉，水都是以同样的速度流淌。但是，玉米糖浆的黏度却与温度密切相关。当玉米糖浆凉的时候，它的黏度极高所以不易流动。相反，温热的玉米糖浆就更易流动。不要把煎饼糖浆储存在冰箱中也是这个原因。在很多餐馆中，煎饼糖浆在被端上餐桌之前需要提前加热，以便顾客能够比较容易地将其倒出，方便享用。

实验结果

1. 温度对水从杯子中倒出来的速度没有任何影响。
2. 将凉的糖浆从杯子中倒出来的时间比温热的糖浆所用的时间长。
3. 凉糖浆的黏稠度比温热糖浆的黏稠度高。
4. 将蜂蜜或者糖蜜储存在冰箱中会因为黏稠度极高的原因而很难倒出来。

给我肉汤

在结束本章关于厨房中的液体这个话题之前，我们需要研究一下一种特殊液体——肉汤里的科学。如果你曾读过任何一本食谱，或许你会发现做肉汤的方法有好多种，有的是白色的，有的是棕色的，有的使用了肉末，还有的主要用青菜当材料。然而，几乎每一种肉汤都很浓。大多数肉汤都是属于胶体分散系的混合物，它们的黏度来自叫作胶质的微小的固体颗粒。胶质的颗粒太大不能形成真正意义上的溶液，但是它的大小却足以穿过一个正常的过滤器。“colloid”（胶体）源自希腊语“kolla”，意为“胶水”。

最常用的使肉汤变稠的两种物质是面粉和淀粉。为了让肉汤更能引起食欲，增稠剂一定要在含有一定量脂肪或油的液体中搅匀。脂肪包裹着胶体，有助于防止肉汤凝成团儿或者缺少水分。同样需要注意的是增稠剂的用量不能多，通常用量为一匙或两匙。否则，你就会和成了面团，而没能做成肉汤。